Fritz Widmer
No einisch aafa

Fritz Widmer

No einisch aafa

Wort zum nöie Tag
u Gedicht

Zytglogge

Alle Rechte vorbehalten
Copyright by Zytglogge Verlag Bern, 2000

Lektorat	Hugo Ramseyer
Umschlagfoto	Peter Friedli
Satz und Gestaltung	Zytglogge Verlag
Druck	AZ Druck und Datentechnik GmbH, Kempten

ISBN 3-7296-0606-9

Zytglogge Verlag Bern, Eigerweg 16, CH-3073 Gümligen
E-Mail   info@zytglogge.ch
Internet   www.zytglogge.ch

Inhalt

Ornig u Chaos

Ornig	11
Gsicht	13
Huus tuusche	15
Polizei	17
D Ornig i der Natur	19
En Oschtergschicht	21
Di wahre Helde	23
Idyll für Husmanne	25
Sprachlosi Beziehig, Ändstadium	28

Gfüel

Kitsch	31
Troscht	33
Computerspili	35
Schnägge	37
Archäologie	39
Nöi gebore wärde	41
Metamorphose	43
Chatz	44
Ballade vo de faltsche Gschichte	45

Wünsch u Wunder

Kataschtrofeprofezejige	49
Chindergarte	51
Gottes Hand	53
Vorbilder	55
Silveschter	57

Glasschirbi	59
Wölle-sölle-müesse-Blues	61
Wienachtslied	62

D Schwyz u d Wält

Ähri ufläse	67
Jetz sy mer da u blybe da	69
Der Schwyzer Pass	71
Erschten Ougschte	73
Intelligänzreservoir	76
D Wält rette	78
Über e Fluss	80
Vom Rede u vom Gloube	82
Jufle	83
Ferielied für Turischte	84

Läse

Büecher	89
Büecher ändere sech	91
En unbedütende Tag	93
Phantasie	95
Krimer	97
D Materie	99
Chinderbüecher	101
Für d Astrid Lindgren	103
Familieforschig	104
Reise	106

Schwyge u Stilli

Erfrüschig	109
Sport	111
Random Acts of Kindness	113
Grossvätter	115
Steitürm	117
Holy Hill	119
Erinnerige	121
Lengeri Antwort uf ene churzi Frag	122
Di nöie Stimme	126
Nachtrag	129
Biografie	131

Ornig u Chaos

Ornig

Mängisch tüecht es mi, Ornig ha, das syg öppis vom Schwirigschte uf der Wält, u drum tuen i so gärn Gschir abwäsche u abtröchne. Da het me wenigschtens für nes paar Minute ds Gfüel u d Befridigung, es syg wider öppis i d Ornig bbracht worde.

Eismal het my Frou abgwäsche, un i ha abtröchnet, un i säge re: «Du, i ha grad es glungnigs Gedicht gläse, muesch mal lose:

> Wenn Frauen sich
> endlich weigerten,
> die kleinen Welten
> in Ordnung zu halten,
> wären Männer gezwungen,
> es selbst zu tun.
> Das würde sie davon abhalten,
> die grosse Welt
> weiter in Unordnung zu bringen.»

«Wo hesch das här?», fragt si.

«Das isch uf ere Poschtcharte gsi, es syg vo eim, wo Helmut Seethaler heisst. Was tüecht di?»

«Das stimmt natürlech», seit si u leit ds nächschte Täller uf ds Tropfbrätt.

I sälber ha i myr Fantasie zyletewys nätti Manne gseh Chäller ufruume, Bode fäge, Zimmer putze, Chleider flicke, Chinderfudi tröchne, Garte jäte u ha tänkt: O je, stimmt äch das, isch das nid e chli z eifach?

«Weisch», seit my Frou, «we du dir überleisch, wi angers d Manne wärde, we si Husmanne sy – es git settig, die hei richtig Fröid dranne, u die gseh ou ganz angers uus, u die sy würklech so, so fridlech u ... Weisch, we der überleisch, dass d Manne i vilne Bruefe nüt angers wei als Karriere mache, u die Karriere vo de meischte Manne isch nume i settigne Bruefe müglech, wo d Wält kaputtmache, we me sech's gnau überleit – de het er äbe scho rächt. D Froue – was die mache i ihrne chlyne Wälte, das het mit em Gägeteil z tüe, mit Läbe *Erhalte*. D Manne hei eigetlech es schlächts Gwüsse, dass si im ne Bruef müesse schaffe, wo so vil kaputt macht, ou we's vilich am angeren Ändi vo der Wält isch; u we si einisch befreit sy vo ihrer Karrieresucht, de sy si ou erlöst vo ihrem schlächte Gwüsse.»

«Ja, eh ...», han i gseit. Drufabe han i fasch zärtlech ds nächschte Täller gno u s abtröchnet un i Schaft gstellt.

Gsicht

E Koleg vo mir het einisch vo eim vo syne Lehrer am Seminar verzellt. Dä syg nid grad es bsungers Vorbild vo Lehrer u Mönsch gsi, aber immerhin heig er alben einisch e merkwürdige, ja legendäre Satz usgsproche. Es heig Schuelstunde ggä, da heig dä Lehrer e Schüeler aagluegt u de plötzlech gseit: «Meier, tüet Öies Gsicht i d Ornig!»

I stelle mir vor, i syg son e Schüeler i de Füfzgerjahr u ghöri dä Satz: «Widmer, tüet Öies Gsicht i d Ornig!» Hätt i äch gfragt: «Was isch de für nen Unornig uf mym Gsicht?» oder: «Warum, was passt Öich nid dranne?» oder: «Söll Nech en Uswahlsändig vo Gsichter vormache, u de rüefet eifach, we eis erschynt, wo Nech passt?»

Aber leider isch das denn e Zyt gsi, wo men als Schüeler no kener pärsönleche Präzisierigsfrage het gwagt z stelle.

I ha öppe mit Lüt z tüe, won i mängisch gärn würd säge: «Tüet Öies Gsicht i d Ornig.» Aber normalerwys machen i's nid, vowäge: Was söll i de mit em ne Gsicht, wo i d Ornig isch bbracht worde, ohni dass d Überzügig mitgmacht het? Angers gseit: Es isch nid schwär, es nätts, gfröits, ordeligs u ufnahmebereits Gsicht z mache. Aber we de d Lääri i den Ouge, der Tonfall vo der Stimm oder d Bewegige vo de Häng glych verrate, dass die Ornig numen a der Oberflächi isch?

Dihr heit allwä alli scho Fotone gseh vo Schuelklasse, wo vor öppe hundert Jahr sy ufgno worde. Gsichter vo Meitschi u Buebe, wo d Fröid nid chöi zeige u d Angscht nume schlächt chöi verstecke. I bi froh, dass i nid i deren Ornig gläbt ha.

Drum macht mi chuum öppis so glücklech win es Gsicht, won e schöni Ornig druffen erschynt, wo vo wyt inne chunnt, us eren Überzügig u re Haltig, wo für die Mönsche so klar isch, dass si gar nid bewusst dra dänke u nid äxtra u aagsträngt ihres Gsicht müessen i d Ornig tue, wil die äbe scho da isch: wil si se i sich sälber hei.

Huus tuusche

Mir hei es paar Mal mit Lüt im Usland e Huustuusch gmacht. Si sy i üses Huus cho wohne, mir i ihres, für zwo Wuche. Das isch öppis Gäbigs, es het nume ei Nachteil. Mi tuet ds eigete Huus i d Ornig, putzt so guet wi me cha, u we me de im angeren isch, so chunnt eim das vil ufgruumter u ordeliger vor, u me chratzet sech am Chopf u dänkt: «Hei mir e Souornig deheime, vergliche mit dene hie!»

Letschte Summer sy mer wider einisch im ne settige Huus gsi. Keis Stöibli, alles glänzig, suber. Nüt, wo tschärbis oder überflüssig umeligt.

Am zwöite Tag han i e Bysszange bbruucht u ha aafa sueche. Zletscht bin i no i ds Garasch ggange. Was i dert inne gseh ha, Wärchzüüg, Negel, Schrube, Stange, Fläsche: Ds Härz isch mer so richtig ufggange ab däm unüberträffbare Mangel a systematischer Ornig. E son es planloses Dürenang, het mi tüecht, heige normalerwys nid emal mir deheime. No erfröilecher isch der Sangchaschte vo de Ching gsi. Won i der Dechel abglüpft ha, sy dert im Sang so gäge hundert farbigi Plastiggoutöli i meh oder weniger usenanggheitem Zuestang im Sang gsteckt. I ha nume gseit Juhui, u d Wält isch wider ir Ornig gsi.

Eigetlech hätt i's ja gwüsst, i ha's nume wider vergässe gha, wil: Bi allne Lüt, wo Ornig hei, git es irgenden Egge oder es Chämmerli, won es Gnusch isch. Bi dere Familie isch es jetz grad im Garasch u im Sangchaschte gsi. Bi mir isch si uf em Schrybtisch un i de Schublade u süsch no a paarnen Orte.

Derfür han i umgekehrt my Egge u mys Chämmerli, won i sehr guet Ornig ha, nume vo dene reden i jetz nid. Es wär ou nid so luschtig u aagnähm. Es git nüt Längwyligers als über ne vollkommeni Ornig z rede u zuezlose.

Sit i weis, dass Ornig nume müglech isch, we me sech e Bereich reserviert, wo men es Gnusch darf u mues ha, isch's mer wöhler.

Ornig, Suberkeit? Im Grund isch das ja numen en Umverteilig. Me ruumt eifach öppis uf d Syte, versteckt's dert, wo's weniger sichtbar isch, aber leider blybt's dert gäng no.

Mir hei zwar es subers Land, das gfallt mir o, aber mängisch tüecht mi, mir sötte alli einisch e Kläraalag oder e Ghüderverbrönnig ga besichtige, oder e Kehrichtdeponie.

De git es sogar usubers Züüg, wo so gfährlech isch, dass me's nid emal wott gseh un i ds Usland abschiebt. U däm seit me so schön ‹Entsorge›, u dä Ort, wo s entsorgt wird, heisst ‹Widerufbereitigsaalag›, u dermit isch das Gift hinger zwöi schöne Wörter versteckt, u alli sy wider zfride.

Polizei

Allem aa het me vor langer Zyt einisch gmerkt, dass es für d Mönsche nid gäng müglech isch, ungerenang Ornig z ha, u de het men äbe d Polizei erfunge. Das het mängisch so häbchläb funktioniert. Sider isch es uf der Wält gäng wi komplizierter worde, u täglech cha me Gschichte ghöre oder läse, wi d Polizei ihrnen Ufgabe nümm gwachse syg u was si alles faltsch machi, u me schimpft über se – aber i ha no nie ghört, dass öpper im Ärnscht gseit hätt, mi söll d Polizei abschaffe. Es churzes Gedankenexperimänt gnüegt scho:

Was würd passiere, we d Polizei streikti oder gar nümm vorhande wär? I gloube, de fieng's eim zimli sofort aa gruuse.

Drum verzellen i Öich jetze zwo Polizeigschichte.

I de gueten alte Zyte, wo d Volksbewegige u d Demonschtrazione no öppis gnützt hei, han i ou a settigne mitgmacht u ha nid gäng Fröid gha, wi sech d Polizei üüs gägenüber verhalte het. Aber es paar Tag na der letschte Demo, won i no mitgloffe bi, han i e Polizischt troffe u bi mit ihm i ds Gspräch cho. Won ig ihm verzellt ha, wi's mir ggange syg währet däm letschte Mitloufe, seit är: Wüsst Dihr, ds Schlimme a üsem Bruef isch das: Die da obe machen e faltschi Entscheidig, bärndütsch gseit e Seich, u mir müesse nächär der Gring häreha u der Dräck mache. Mir dörfe weder nach unge no nach obe zeige, was mir würklech dänke, mir müessen eifach stumm u stuur Befähle usfüere. Polizei – ja, solang d Polizischte i Kriminalfilme d Helde chöi spile, tüe se d Lüt bewundere u anerchenne, aber we si üüs i der Würklechkeit begägne, de müesse mir wider tschuld sy, dass die Würklechkeit nid wie im ne Kriminalfilm isch, u de sy mer wider kener Helde meh, nume no d Löle.

Sider geit's mir sältsam mit de Polizischte. Die letschte paar, won i mit ne zämeputscht bi, hei eifach nümm däm Bild entsproche, wo sech der Durchschnittsbürger vo ne macht un i billige Witze wytertreit.

Vor paarne Jahr bin i einisch ohni Helm mit em Töffli heizue gfahre. Da ungereinisch: es Polizeiouto am Strasserand. Drei Polizischte stöh da. Eine stoppet mi u seit. «Dihr wüsset dänk, wiso ig Öich aahalte?»

«Ja», sägen i, «i fahren ohni Helm; das wär ja jetz obligatorisch. Aber äbe, grad vorhär han i probiert, eine z choufe. I dreine Läde bin i gsi! Niene hei si eine gha, wo gross gnue isch für my Gring! Ehrlech.» Näbeby, i bi würklech ehrlech gsi. Ganz verzwyflet han i gseit: «Loset, wüsset *Dihr* vilech, won i e Helm cha choufe, wo uf my Chopf chönnt passe?» Er het glachet u gseit: «Probieret's doch einisch i re Töffbude im nen Ussequartier ...», u het mer en Adrässe ggä. «Merci», han i gseit, «ja, und ... söll i jetz heiloufe, das Töffli heistosse?»

Da seit är: «Eh, loset, mir fahre hie nächschtens furt. Dihr wartet eifach, bis Dihr üses Outo nümme gseht, u de styget uuf u fahret hei. Alles Guete, u ds nächscht Mal de *mit* Helm!»

D Ornig i der Natur

I bi grad dranne gsi, mir öppis uszdänke über d Ornig i der Schöpfig, i der Natur, un i ha mer überleit, was i alles wöll verzelle, wi unvorstellbar sinnrych u wunderbar doch d Pflanze, d Tier u d Mönschen ygrichtet syge, so dass si chönni läbe, u was Läben alls bedüti.

Für nid es Gnusch un e längi Ufzelig z mache, hätt i mi entschide, us der riisigen Uswahl numen eis Byspil z näh: I hätt öppis über d Ouge wölle säge. I hätti vilech gseit, dass dä Schöpfer oder die Schöpferin vo däm Organ de mönschlechen Erfinder himelwyt überläge syg, un i hätt probiert z zeige, was alles zämespilt vom Momänt aa, won es Bild uf d Netzhut chunnt, bis es irgendwo i üsem Bewusstsy es Gfüel vo Stuune, Vergnüegen u Glück uslöst.

I hätti gseit, mir chömi mit üser Vorsteligschraft an e Gränze, wo sogar ds Wort ‹wunderbar› no z schwach syg, ähnlech wi mir ou an e Gränze chöme, we mir üüs wei vorstelle, öb ds Wältall eigetlech es Änd heig, u we's eis heig, was de änedra syg.

I hätti mi u Öich gfragt, wie me sech de eigetlech d Entwicklig u d Usgstaltig vom Oug u allnen anderen Organe söll vorstelle, we me nid an e Gott oder an e Schöpferchraft oder mira ou a dienendi Schöpferwäse chönn gloube. Wär oder was de das süsch syg, wo so öppis Intelligänts u Schöns für üüs zwäggmacht heig, öppis so Bsungers, dass mer chönnten ufhöre dänke u ender derfür sötte dankbar sy. U de hätt i no öppis wölle säge über d Sälbschtheiligschraft vo üsem Körper, aber da isch mer plötzlech es Bild us der Erinnerig ynegrütscht un i bi vom Thema abcho.

I däm Bild isch es öppe vierzähjährigs Meitschi erschine, wo einisch zu üüs z Bsuech isch cho. I ha's mit em Outo abgholt, han ihm ghulfen usstyge, ha's ar Hand gno u bi mit ihm dür ds Huus u ha ihns la verzelle, win äs der Tag verbringi u was äs ir Schuel so machi. Nächär bin ig i Garte mit ihm. Jetz mues i no säge, dass das Meitschi blind isch. Blind vo Geburt aa. U plötzlech isch mir das mit aller Wucht bewusst worde, un i ha fasch nid chönne wyterrede. All die Sätz, won i süsch de Bsuecher säge über d Blueme, d Böim, der Weier, d Aare, ds Trochemüürli – die Sätz sy mer läär u bedütigslos vorcho. I ha nümme chönne wyterrede. Es het mi tüecht, i redi ja über Sache, wo das Meitschi gar nid chönn gseh, un i ha mi aafa schäme. I ha kei angeri Lösig gseh, als mit ihm über die Schwirigkeit z rede. Es het nume glachet u gseit: «Macht nüt, das isch gäng eso. Red nume wyter, wi mit angernen ou; das gfallt mir hie.»

I der Erinnerig a dä Namittag chunnt sältsamerwys ussert myr Verlägeheit no öppis angers ganz starch vüre. Es isch d Stimm vo däm Ching. Wahrschynlech nid e bsungers schöni Stimm, aber öppis isch drinne gläge, wo di meischten angere Stimme nid hei u wo ou schwär z beschryben isch: liecht truurig u nachdänklech, aber doch getroscht u dankbar.

En Oschtergschicht

Sit i mi ma bsinne, git es es Sprichwort, wo mer nid so gfallt. Es isch ender e Redensart, gnauer, der zwöit Teil vo re Redensart. Der erscht Teil änderet gäng wider, je nach der Zyt, wo mer grad drinne sy.

I wett Nech e Gschicht verzelle, wo das halbe Sprichwort drinne vorchunnt. Dihr ghöret's de, we's nachen isch.

Also. E Mueter mit zwöi Ching löst am ne Busoutomat drüü Biljee; d Ching styge ir hingere Türen y, churz drufabe geit d Mueter dür di mittleri Türe vom Bus. D Ching sy zwöi Meitschi, dryzäh u vierzäh Jahr alt. Si trage luschtigi, farbig gflickti Jeans, hei Stirnbänder ume Chopf, un uf de Hosebei stöh, mit Chugelschryber gschribe, es paar Wörter.

Si chömen uf d Mueter zue, ds einte rot, mit verzerrtem Gsicht, chrydebleich ds angere. «I wott use, mir wird's schlächt», seit ds jüngere u tuet d Ouge zue, es cha ds Gränne chuum verha. «Was isch los?», fragt d Mueter. «Weisch», seit ds eltere, «dä Maa dert hinge wott üüs erschiesse.» «Wele, dä mit em Huet?», rüeft d Mueter u luegt dä Typ stächig aa. Dä luegt wägg. D Mueter leit em jüngere Ching der Arm um d Achsle u seit: «Häb kei Angscht, i rede de mit ihm».

A der Ändstation styge si uus. D Mueter stellt der Maa u seit: «I ha vori ghört, Dihr wöllet myni Ching erschiesse. We Dihr das würklech weit: Da wäre mer!» Der Maa zuckt mit em Muu, schnappet nach Luft u seit übertribe fründlech: «Gueti Frou, i meine ja gar nid Öier Ching.» «Jä, wär de?», seit d Frou. Da chehrt der Maa sech um, zeigt dür di offeni Türe vom Bus uf e Bode u seit: «Die da meinen i!» «I gseh niemer», seit d Frou. «Ja, was?», git der Maa zrügg, «lueget doch die Eierschale! Gseht Dihr die nid? Die Söihüng, wo die Eierschale hei la gheie, die meinen i; die sött men all erschiesse, oder?»

D Mueter luegt stober dry u luegt uf di winzige Räschte vom ne halben Oschterei. «Nid i sälber, natürlech», seit der Maa. «Ou das no!», rüeft d Frou, «überleget Dihr Öich eigetlech mängisch, was Dihr zum Muu uus löt? Chömet, Ching!» U dermit loufe si dervo u lö dä Maa mit syne Fantasie vo Todesstraf im Name vo Ornig u Suberkeit la stah.

DIE SÖTT MEN ALL ERSCHIESSE.

Was mues passiere, dass die Fantasie i d Würklechkeit überekippt?

Di wahre Helde

Vor öppe füfzäh Jahr bin i z London gsi u ha dringend e Telefonnummere bbruucht. Telefonkabine het es da u dert gha, aber niene es Telefonbuech. Schliesslech han i e Polizischt gfragt. Dä seit nume spöttisch, es syg allwäg schwirig, z London irgendwo i ren öffentleche Telefonkabine Büecher z finge. U we's hätt, so wäre si innert paarne Tage wider usegschrisse.

Telefonbüecher userysse? Für was eigetlech? Isch das e Reaktion vo de unruehige junge Lüt da druuf, dass si i re so mönschenüberfüllte Stadt müesse läbe? Mir isch es i Grossstedt ou nid wohl, un i gah we irgend müglech gar nümm dert häre. Aber angeri müesse blybe, u de git's settig, die rupfe halt Telefonbüecher usenang, wie we si dermit afen es paar Lüt vo dene vilne Millione chönnte loswärde.

Was süsch alles täglech kabuttgschlage wird, wüsst Dihr ja. Für das hei mer ds Fernseh.

Für die, wo lieber läse, git's es Buech, wo men öppen ir glyche Zyt gläse het. Es isch vom Hans Magnus Enzensberger, heisst «Aussichten auf den Bürgerkrieg» u handlet vo der zuenämende Verwahrlosig i de Grossstedt u süsch dürhar uf der Wält; es isch ou d Red drinne vo de nümm ganz klaren Übergäng zwüsche Vandalismus u Chrieg u de Hingergründ vo däm allem.

Ds Schlusskapitel heisst: ‹Vorläufige Wunder›, un i lisen es paar Sätz druus:

«Wenn also das Land in Trümmern liegt und die Toten begraben sind, treten die wahren Helden des Bürgerkriegs ans Licht. Sie kommen spät. Ihr Auftritt ist unheroisch. Sie fallen nicht auf, sie erscheinen nicht auf den Bildschirmen.

In einer improvisierten Werkstatt werden Prothesen hergestellt für die Krüppel. Eine Frau sucht nach Lumpen, die als Windeln zu brauchen sind. Aus den Reifen eines zerschossenen Fahrzeugs werden Schuhe gemacht. Die erste Wasserleitung wird geflickt, der erste Generator beginnt zu laufen. Schmuggler schaffen Treibstoff herbei. (...) Der Bischof holt verwahrloste Söldner in einen Schuppen neben der Kirche und richtet eine Autowerkstatt ein. Das zivile Leben beginnt. Es ist unaufhaltsam. Bis zum nächsten Mal. Die Beharrlichkeit dieser Leute gleicht einem Wunder. Sie wissen, dass sie die Welt nicht in Ordnung bringen können. Nur eine Ecke, ein Dach, eine Wunde ...»

I bi süsch nid derfür, dass me d Mönschen i zwo Gattigen yteilt. Aber hie han i nüt dergäge. Die zwo Sorte Lüt git's wahrschynlech: die, wo zerstöre, u die, wo ufruume. Den Ufruumer isch im Enzensberger sym Buech eis Kapitel gwidmet, ds letschte – de Zerstörer elfi.

Isch äch ds Verhältnis vo Unornig zu Ornig, vo Zerstöre zu Ufruume, ou elf zu eis?

Idyll für Husmanne*

So na de sibne, we d Frou
    ändlech fertig het gjuflet u gchlöönet
u de der Mantel aaleit u seit:
    «Also adie, bis hinech!»,
hocken i wider a Tisch,
    u d Meitli chömen u bättle:
«Päppu, no d Franzwörtli! Weisch,
    mir hei hütt e Püez», un i säge:
«Donne-moi le livre, Catherine»,
    u währed si ds Gschir zämestelle,
fragen i ‹Frühling› u ‹Schwalbe›
    u ‹Nest› u ‹Schneeglöckelein›.

So na den Achte wird's ruehig,
    un i dänke: Schuel isch no gäbig,
jetz han i paar Stunge Zyt
    zum Glette u Rüschte u Putze.
Zwüschyne dänk i a all
    di plagete Lüt i de Büro
u i de Bude, wo dänke:
    Wenn wird es äch Mittag?
I überlege, was i de
    am Aabe de Meitli verzelle,
u lose nächär im Radio
    öppis vo gstresste Husfroue.

So na de zähne es Gaffee,
    de gahn i voruse,

sible Komposcht dür ds Gitter
 u gheie ne uf d Gartebettli,
dänken a d Frou, wo jetz
 ihrer Fingernegel abchätschet
u der Gedächtnisschwund
 mit Chnoblouchtablette bekämpft,
ga nächär yne u tue
 der Öpfelchuechen i Ofe.
D Ching hei ne gärn, un i
 fröie mi uf ihres Glafer bim Ässe.

Lehrer sy scho chli z beduure,
 tüecht mi, wenn i öppe so ghöre,
was die alls stürme u chnorze,
 wo d Ching mängisch fasch besser wüsse
oder scho wüsse, dass si's
 nid bruuche, u lieber wei spile.
Das isch es Theater bi üüs:
 Zigüner, Seeröiber u Sportler,
Gspänschter u Tökter, Indianer
 u Fernsehreklametoggle:
All chöme dra, un i spile
 de meischtens der Abwart, wo ufputzt.

Öppen am drüü träffe mir
 üüs i üser Husmännergruppe.
Zersch tüe mer enang chli benyde
 u d Ehefroue beduure.

Eine macht Vorschleg, was mir
    alls chönnti mache für seie:
«Ganz für se da sy, we si mal da sy»,
    un i lisme Schylee
us der grobe Schafwulle,
    won i sälber ha gspunne.
«U halt no zärtlecher sy
    u no rücksichtsvoller am Aabe!»

Aber am Aabe mues d Frou
    leider scho wider furt an e Sitzig.
I säge: «Ja, s wird dänk spät!»
    U ds Heidi un ig wäsche ds Gschir.
Nächär verzelle mer wyter ir Gschicht,
    mir sy grad z Alaska
u wäsche Guld, picklen Ys
    u früüre u troume vom Heicho.
D Meitli mache no ds Chalb
    u der zwöit Teil vo den Ufgabe.
U i ha jetze mys Schylee fertig
    u fa morn es nöis aa.

---

* Auf der CD ZYT 4065 Fritz Widmer, «24 Lieder us 25 Jahr»,
   unter dem Titel «Talking Rag für Husmanne»

Sprachlosi Beziehig, Ändstadium

Eine vo de trüebsinnigschte Manne, won i je ha gseh,
het graui Ouge u roseroti Backe gha,
aber d Backe sy gäge ds Graue
u d Ouge gäge ds Roserote ggange.

U wen i probiere, mi a ihn z erinnere,
gsehn i breiti Achsle, dicki Muskle,
aber statt em ne Gsicht
öppis win e schlächt putzte Tisch.

Är isch ungerwägs gsi mit der schönschte Frou,
won i je ha gseh – ufrächt, ruehig, gsammlet
u glych voller Luscht na Läbe u Bewege –,
mängisch ir Beiz, mängisch am Meer.

Der Blick us ihrne grosse, glänzige u lieben Ouge
isch wi us eren angere Zyt cho,
us eire, wo Manne u Froue enang
nüt meh müesse vormache.

Heiter, zfride, wach,
mit eren entspannte Sicherheit
het si der Glanz uf em Meer aagluegt,
ihri Füess, syni Achsle.

U we si ds Chini glüpft het u ihres
schwarze Haar langsam liecht der Rüggen
abgrütscht isch, het är stumm der Chopf
gsänkt u der Buuch yzoge.

Gfüel

Kitsch

Mir stöh am Meer, u d Sunnen isch grad hinger de Wulche vürecho, wo obe violett u unge guldig sy, u jetz sinkt si langsam i ds Meer. Da seit eine näb üüs: «So richtig kitschig, he?»

I bi im ne Film, un es gscheht grad öppis Bsungers. Es geit ere Frou e Wunsch in Erfüllig, wo si scho gar nümm dra gglobt het. Ihre Suhn isch zrüggcho, nach mängem Jahr. D Böim blüeje, d Zweige schoukle vor em ne blaue Himel, e Träne rugelet der Frou us den Ouge, u ihrer Lippe zittere. Da seit eine hinger mir: «Son e Kitsch!»

Am ne Folk-Music-Festival singt e Frou es Lied; es spilt im Mittelalter, e truurigi Gschicht: e Ritter, won es Meitli wott vergwaltige, u das wehrt sech u erstich ne mit em ne Mässer; u d Melodie gheit so zwüsche Dur u Moll hin u här; e Handorgele spilt e zwöiti Stimm derzue, wo zum Teil i Terze drüber louft. «Jetz no dä Kitsch», brummlet eine u louft mit glängwyletem Gsicht näb mir düre dervo.

Isch es würklech Kitsch? Mi tüecht's nid. I finge zwar viles kitschig, das heisst unächt, mit faltsche oder vortüüschte Gfüel überlade. Nume sägen i das Wort gäng sältener. Sit i gmerkt ha, dass teil Lüt das Wort ‹Kitsch› für alles bruuche, won ihm anger Lüt ‹Gfüel› säge oder ‹Emotione› oder ‹Liebi›, bin i vorsichtiger worde.

Tüe mir da nid öppis verwächsle?

I ha mal e Redner gseh d Ouge wüsche mit em ne Nastuech. Won er isch fertig gsi, het er «hmhm» gmacht, breit ggrinset u gseit: «Myner Dame und Here, i wetti hiemit feschtgstellt ha, dass ig im nen Alter bi, wo Träne nume no rein körperlichi Ursache hei.»

Git es so öppis win en Angscht vor Gfüel, wo wahrschynlech nume d Angscht dervor isch, das z gspüre u z gloube u z säge, wo me eigetlech wüssti, dass es i däm Momänt ganz wichtig isch?

E vierzgjährige Maa verachtet es Buech u seit, es syg Kitsch, aber für ne sibezähjährige cha ds glyche Buech es Schlüsselerläbnis sy, der Aafang vo re grossen Änderig i sym Läbe. Oder es git tiefi Erläbnis, wo für Froue so öppis wie Offebarige sy, u für ne Maa isch ds Glyche eifach nüt angers als es Gfüel, won ihm pynlech isch, won er nid cha yordne oder won ihm sogar Angscht macht. U de git's äben es gäbigs Wort, wo alles suber erlediget, we nid sogar abwörgget: Kitsch.

Troscht

I de Füfzgerjahr bin i einisch a re Läsig gsi vom Friedrich Dürrenmatt. Es isch zimli gwalttätig zueggange i däm Stück, won er vorgläse het, aber är het üüs scho druuf vorbereitet gha i syr Yleitig. Är het nämlech gseit: «Ds Schlimmschte, wo mir chönnt passiere, wär, wen ig einisch i re Buechhandlig es Büechli würd gseh mit Sätz u Uszüg us mym Wärch, u vorne druffe würd als Titel stah: ‹TROST BEI DÜRRENMATT›.

I ha dä Satz vom berüemte Schriftsteller i mym jugendleche Bewunderigsbedürfnis grossartig gfunge. Troscht, das han i denn nid wölle. Das isch doch öppis für Ching u Schwächlinge, eventuell no für Froue. Het doch der Dürematt ou dä prächtig Satz gschribe: «Eine Geschichte ist erst dann zu Ende gedacht, wenn sie die schlimmstmögliche Wendung genommen hat.» E grimmigi männlechi Reaktion uf ne grimmigi männlechi Wältpolitik. Un i ha denn tänkt: Mou, dä gseht düre!

Hütt bin i nümm sicher, öb's so isch. Nid nume, wil ig i der letschte Zyt öppe ha dörfe u chönne Ching tröschte. Nei, i ha ou a mir sälber erläbt, was das für ne Hilf cha sy, wo men ihm früecher ‹Troscht› gseit het.

We me Ching tröschtet, de lüpft me sen uuf u häbt sen u redt mit ne. U einisch chunnt halt der Tag, wo si de z gross u z schwär sy für z lüpfe, u de mues es angers gah. Ou ihrer Hilferüef verändere sech. Si wärde gäng wi versteckter, widersprüchlicher. Si bruuchen angeri Wörter, we si überhoupt no Wörter bruuche; u we si de erwachse wärde, göh si däm Wort ‹Troscht› us em Wäg u rede, wenn überhoupt, vo ‹Geborgeheit›, vo ‹Ufstelle›, vo ‹Halt gä› u settigem. U vili sy stolz druuf, dass si ke Troscht meh nötig hei.

Aber was isch das, wo so us der Moden isch cho?

Troscht, das isch eifach üsi Art, den angere gä z merke: «Du bisch nid aleini; i bi ou no da, säg mer, was i cha mache, we d nid aleini wyter weisch.» U wahrschynlech isch es sogar besser, we's ohni vil Wörter überechunnt.

Mängisch nähm mi glych wunger, was der Dürematt hütt würd antworte, we me ne würd frage, was är üüs eigetlech mit syne Theaterstück heig wölle z merke gä.

Computerspili

Es isch Namittag am halbi füfi. Mir sy im ne Lade, wo me Computer cha choufe u alles, was derzue ghört. Software, Games, Computerspili u Ähnlechs. Es chöme zwe Giele yne, so zwölfi ungefähr, u näh es paar CD-Rom i d Finger. De chunnt der Verchöifer u fragt, was si welli. Ja, eh – si wetti nume cho luege, was es für nöji Games gäbi. Är stellt ne paar Sache vor, rächt unberüert verzellt er ne vo Spil, wo si gäge gwaltigi Tier mit giftige Stachelschwänz müessen aaträtte, oder gäge Roboterwäse us eren angere Milchstrass, u si sälber hei e Waffe, wo alls verbrösmet u wo si dermit ändlos chöi settigi Wäsen umlaa, vo Mönsche gar nid z rede.

«Ja, das kenne mir alls», seit eine vo de Giele. «Das isch nüt Bsungers. Heit Dihr nüt Geilers?»

«Nei», seit der Verchöifer, «aber di würklech geile Sache chöme de nächschti Wuche. Aber süsch göht no i d Abteilig FUN GAMES ga luege, vilich finget dr dert öppis Herters.»

I bi am Wort FUN blybe bhange. U de isch mer e Zyle us em ne Lied vo de Beatles z Sinn cho, nämlech der Värs: «Fun is the one thing that money can't buy.»

We me ‹Fun› mit ‹Spass› übersetzt, syg also Spass ds Einzige, wo me mit Gäld nid chönn choufe. Ömel vor dryssg Jahr no. Was me nüünzähhundertsibenesächzg no nid het chönne choufe, das cha me jetz: Fun. Aber i gloube nid ganz dä, wo dr John Lennon u dr Paul McCartney gmeint hei.

Die Sorte Fun – das isch öppis, won i nümm verstah. Die herte Computerspil sy wahrschynlech deswäge so begährt, wil si es uralts Erfahrigsmuschter us der Gschicht vo der Mönschheit ufgryfe u für ihrer Zwäcken usnütze: ds Gfüel vo Macht über angeri. Es Gfüel, wo seit: I blyben am Läbe, wen i di angere umbringe. Oder no fataler: I füele mi denn am läbigschte, wen i en angere töde.

Aber es gäb no vil angeri Erfahrigen us der Gschicht vo der Mönschheit. Settigi, wo säge: I blyben am Läbe, wen i di angere la la läbe. I blybe am Läbe, wen i di angere gnauer u besser lehre kenne. I wirde läbiger, wen i gmeinsam mit angerne öppis ungernime. I wirde läbiger, wen i dänke, wi's söll wytergah mit üüs.

Git's äch ou settigi Spili für Computer?
U wi erfolgrych sy si?

Schnägge

E chlyni Szene us der Schuel. Es isch vor vilne Jahr passiert. I han e Klass, wo Änglisch sött u wott lehre, un i gibe gärn ganz eifachi alltäglechi Theme, wo mer de drüber rede. A däm Tag isch es um ds Ungezifer ggange, u wi me's los wird. «Fange mer mal bi de Schnäggen aa», han i uf Änglisch gseit. «Wi schützet dihr öie Salat vor dene?»

Zersch het niemer öppis wölle säge. Da fan i halt aa, für d Konversation i Gang z bringe: «Es git verschideni Methode: My Frou zum Byspil sammlet se u verbrüeit se mit chochigem Wasser. I sammle se u gheie sen i d Aare u säge ne: ‹Göht de wyter unge wider bi öpper angerem a ds Ufer u dert ga wyterfrässe.›»

Da steit e Schüeleren uuf u rüeft: «So öppis Ohnmächtigs u Blöds! I cha das nid ghöre! Da'sch ja furchtbar. Es git e vil besseri Art. My Mueter sammlet d Schnägge in es Becki, u de nimmt si es paar alti Salatbletter, geit i Wald hingere u leit d Salatbletter a Bode u d Schnägge druuf u seit ne, si sölli jetz hie wyterläbe. Me mues lieb sy mit de Schnägge, de sy si mit eim ou lieb!»

Mir het sälten öppis eso yglüüchtet wi das. I ha's du vo denn aa ou so gmacht. Es git i üsem Garten es U-chrut, wo si no fasch lieber hei als Salat, u mängisch tuen i ou das derzue. Oder i lege's eifach häre, u de göh si dra, un i cha gäbig mit Chrut u Schnägge i Wald spaziere. Nume het's jedes Jahr afe weniger, oder si falle mer nümme so uuf.

Dihr lachet vilich über die Gschicht, u öb Dihr se gloubet, weis ig ou nid.

Vilich säget Dihr: «Die Zyt u dä Gloube wett i ou ha!»

Mir geit öppis angers dür e Chopf.

Settig Lüt, dänken i, wo sech scho um di verachtetschte Tier so kümmere u Sorg zue ne hei: Wi göh die ersch mit de weniger verachtete Tier um oder mit de Mönsche?

Oder no angers: Wivil weniger Gift chäm i Bode un i d Wält, we mir uf en e settigen Umgang mit Tier würden umstelle?

Archäologie

Mir hei einisch z Griecheland im ne Museum Wandmalereie, Chrüeg, Statue u süsch keramischi Räschte us em Altertum aagluegt. Mir hei alles bewunderet, un i ha mir wider einisch vorgstellt, wi glücklech, usgliche u zfride die Lüt denn allwäg sy gsi, wo mit so schöne Gägeständ z tüe gha hei.

Aber ir en Abteilig vo däm Museum isch öppis gsi, wo üs weniger gfalle het. Schale u Chrüeg sy usgstellt gsi, nid bsungers schöni, u we si nid us em Altertum wäre cho, hätt me gseit: Massewaar. U de hei mer tatsächlech uf em ne Schild gläse, das sygi, als Kontrascht zu den anderen usgstellte Stück, Byspil vo schlächter, liebloser u unsorgfältiger Arbeit. Es het also ou settigs ggä.

Mängisch, wen i hie dür ne Stadt gah, dänken i, was äch i zwöiehalbtuusig Jahr dene dür e Chopf göi, wo das usgrabe, wo hütt a allnen Orte a Muure u Wänd gspreyet isch. Näh mer einisch aa, da grabi öpper dür e Härd u Schutt u chunnt zu den ungerschte zwe Meter vo re Muur, u won er fertig isch, gseht er e zämähängende Bitz Graffitti-Kunscht us em Änd vom zwänzigischte Jahrhundert. Betroffe und erstuunt steit är vor dene wildbewegte, farbige Bilder u probiert usezfinge, was für Lüt da einisch tänkt u gwärchet hei. Är oder vilich ou si wird zimli gly feschtstelle, dass es drei Schichte het, also ou drei Gattige vo Mönsche müesse gsi sy, wo da nachenang die Muur gäng wider übermalt hei. Di ungerschti Schicht zeigt rüerend schöni idyllischi Malerei. Bilder vo Ching, wo spile, gumpe, renne, schwümme, d Mulegge gäng schön nach obe gchrümmt. De git's e zwöiti Schicht, wo linggs u rächts i das chindlechen Idyll ynegryft. Grossi, gwalttätigi Buechstabe mit Eggen u Kante, wo enang probiere näbenuus z müpfe. D Botschaft isch der Archäologin zersch nid klar. Aber di dritti Schicht, wo no einisch drüber gspreyt isch, hilft ihre wyter. Es sy drüü Wörter: HASS MACHT SPASS.

Jetz git es zwo Müglechkeite. Vilech bewunderet si die Kunschtwärch u seit: «Es gab drei Epochen in der mitteleuropäischen Mauerbemalkunst:

1. die idyllisch-kindliche Epoche,
2. die ruckzuckmonumentale Epoche,
3. die sadistische Gewalt-Epoche.»

Aber vilech het si scho gnue angeri settigi Bilder gseh u de steit's gly im ne Museum i der Abteilig «Degenerierte Mehrschichtensprayerei» oder «Sauerei und Abfall» – wär weis? Immerhin git der Satz ‹Hass macht Spass› en Aahaltspunkt derfür, wiso die Stadt i Trümmer u Schutt gleit worden isch.

Nöi gebore wärde

Mir sy einisch z Irland eis vo dene vilne Hügelgreber, es sogenannts ‹Passage Tomb›, ga aaluege, das heisst, mir sy mit ere chlyne Gruppe dry yne, mit em ne Füerer. Dinnen isch es belüüchtet gsi; mir sy dür dä Gang gloffe, öppe füfzäh Meter, bis mir i d Mitti sy cho, genau unger em höchschte Punkt vo däm Hoger.

Dert het der Füerer üüs la aahalte u het probiert is z verzelle über di früecheri Zyt, vor vierehalbtuusig Jahr. Är het gseit, wahrschynlech syg alles ganz angers gsi, als me bis jetz gmeint heig. Das syge gar nid Greber. Wiso wäre si de so gross? U me heig ja ou nie Skelett oder Äscheräschte gfunge. Also was syg's de?

D Priechter i dere Zyt, u wahrschynlech ou angeri Lüt, syge da yne cho u heige hie Tag u Nacht u vilich no meh Zyt verbracht. Si heige wöllen Ornig i ihri Seel übercho, si heige gwüsst, dass si hie inne, i dene heilige Gäng, wärde Visione ha über das, was uf der Wält u über der Ärden isch. U die Spirale u labyrinthische Zeiche syge Hiwyse druuf, Symbol vo dere Suechi. U nach so re Lüterig syge si de usecho, eigetlech nöi gebore, also ds Gägeteil vo Stärbe.

Es isch en ugwöhnlechе Füerer gsi. Nid eine, wo das eifach so abegspuelet het, dass es gly verby syg. Mi het tüecht, dä wüssi öppis dervo, wi mir e vergangeni Zyt, vor allem eini, wo nüt drüber ufgschribe worden isch, mängisch lätz beurteile, wil mir *üsi* Vorstelige i di alti Zyt yne projiziere: Mir meine, die Lüt heige vor vier-, füftuusig Jahr ou so tänkt u gspürt wi mir.

Är het so usgseh wi eine, wo dür settigi Vorstelige u Vorurteil düre in en angeri Würklechkeit chönnt luege. Öppis i syr Stimm het so tönt, wi wen er's nid nume würd vermuete, sondern wi wen er die Erfahrig sälber ou scho gmacht hätt.

I han ihm ddanket u gseit, das syg e ganz bsungeri Füerig, won i da mitgmacht heig.

Är het scho uf di nächschti Gruppe gwartet, süsch hätt i gärn no chli wyter gredt mit ihm. Mir wäri vilich druuf z rede cho, i was alles für Löcher, Rüüm u Geböid d Mönsche hütt yne göh, für ds Gägeteil vom Stärbe z erläbe.

Metamorphose

E Roupe
schlüüft
in e Hültsche
un
e Schmätterling
schlüüft
us der Hültsche
u flügt
desume

Mängisch
gsehn i Lüt,
die gseh uus,
wi we si
einisch
e Schmätterling
wäre gsi,
de in e Hültsche
wäri gschlüffe
u jetz
i dere
so
desume
läbe.

Chatz

Du grosse, dicke Moudi,
du rurisch dys Lied u singsch,
wi zfride dass d bisch.
U we d mi aaluegsch, lächlisch,
aber tuesch derglyche,
du lächlisch nid,
un i gseh,
du weisch vilich besser als ig,
was das isch:
zfride sy.

Ballade vo de faltsche Gschichte

Ir Schuel ghört me Gschichte vo Manne, wo chriege
u meischtens ou gwinnen u überläbe.
Jetz hange si da so uf Bilder ar Wand,
u ihrer Dänkmäler stöh vor de Bahnhöf.

Chrieg syg es Abetüür, seit me, voll Spannig,
u ersch i däm Gchlepf inn wärd einen e Maa.
Aber vo dene, wo im Dräck blybe lige,
halbiert u verfätzet, da ghört me de weni.

U de git's ou weni Gschichte vo Froue,
die heige ja einewäg nid so vil gleischtet,
ussert gäng wider gnue Bueben uf d Wält gstellt,
für dass das gäng wytergöi, wo lengscht chönnt ufhöre.

U was si i früecherer Zyt süsch no gmacht hei:
pflanzet u g'ärnet u gchochet u gsunge
u gheilet u gflickt, was no z flicken isch gsi –
die Gschichte, die chlepfe halt weniger lut.

Es isch nid e Zyt vo lyslige Gschichte.
Verzellet se glych, dass emal Öier Grossching,
wo hütt no gar nid gebore sy, vilich
ändlech ou mal öppis angers chöi ghöre.

Wünsch u Wunder

Kataschtrofeprofezejige

Won i mer überleit ha, was i mir u Öich für ds nöie Jahr am meischte würd wünsche, isch mer öppis Sältsams ygfalle. I däm Jahr, wo mer vor üüs hei, wird vor allem öppis i grosser Mängi uf üüs zuecho, nämlech Kataschtrofevorussage u Wältuntergangsprofezejige. Un i wünsche mir u Öich, dass mer der Muet hei, üüs nid vo denen üses Gmüet la z verdüschtere, dass mer ds Gschick hei, näb dene Mäldige dürezzirkle u dass mer Ougen u Ohren offe hei, für das z gseh u z ghöre, wo ds Gägeteil vo Kataschtrofen u Ungergäng isch.

Wi chönnt me das mache?

Statt jede Tag di nöischte Kataschtrofevorussage z läse, schlan i vor: Göht zwüschyne einisch i d Bärge, wo chli weniger Kioske u Fernsehapparate ume sy, u we Dihr non es Buech i Rucksack weit ypacke für ungerwägs i dr Ysebahn z läse, u Dihr chöit useläse zwüsche eim mit em Titel «Das einundzwanzigste Jahrhundert findet nicht statt» u eim, wo «Der achte Schöpfungstag» heisst, so näht lieber ds zwöite, das vom Thornton Wilder, oder süsch öppis vo ihm.

Zwöitens: Dihr wüsst ja: Allem, wo mir vil dra dänke, gä mir Chraft, em Schlächte u am Guete. Ds Glyche gilt für alls, wo mir Angscht dervor hei. Das, wo me dervor Angscht het, überchunnt Macht über üüs. Angers gseit: Es wird ou im nöie Jahrtuusig Unfäll u Überschwemmige u Stürm u Usbrüch gä wi jedes Jahr, aber mängisch stellen i mir vor, ja, es hocke da im Fyschtere irgendwo no süsch es paar Kataschtrofe u warte druuf, dass sech gnue Lüt mit ihne beschäftige u vor nen Angscht hei, u ersch denn chöme si vüre u brächen uus.

Umgekehrt: Werum cha nid ou ds Gägeteil passiere?

Eismal han i zwo Froue ghört zäme rede. Si hei über öpper gredt, wo's ihm schlächt geit. Da seit eini: «Mir wein ihm gueti Gedanke schicke!» – «Ja, i bi ou derfür, mängisch isch es grad das, wo's usmacht», seit di angeri.

I wünsche mir für ds nächschte Jahrtuusig, dass mir meh de guete Gedanke u de Gebätt vertroue als de Schlagzyle vo de Schreckensprognose.

Chindergarte

Vo de Büecher, won ig i der letschte Zyt gläse ha, han i a eim bsungers Fröid.

Es isch vom nen Amerikaner, em Robert Fulghum. Är het i allne mügleche Bruefe gschaffet u het einisch e merkwürdigi Entdeckig gmacht. U die Entdeckig het de sym chlyne Buech der Titel ggä.

Es heisst: «Alls, won i würklech mues wüsse u chönne, han ig im Chindergarte glehrt.»

Um was geit's? Was isch das, wo für ds Zämeläbe vo de Ching im Chindergarte gilt u zuglych für ds ganze Läbe?

Am Aafang vo däm Buech stöh elf Sätz. I lisen Ech se vor, u de chöit Dihr sälber entscheide, öb das für Öich stimmt.

Also:
- Tue gäng teile mit den angere.
- We d spilsch, de spil fair.
- Tue d Sache wider derthi zrügg, wo d se gno hesch.
- Ruum dyni Souerei sälber uuf.
- Säg, es tuet mer Leid, we d öpperem weh ta hesch.
- Wäsch d Häng, bevor d issisch.
- Tue spüele.
- Läb es usbalancierts Läbe: Lehr öppis, dänk öppis, tue male, singe, tanze, spile u wärche.
- Gönn der e churze Schlaf am Namittag.
- We d i d Wält usegeisch mit öpperem, passet uf e Verchehr uuf, gät enang d Hang u blybet binang.
- Bis gäng bereit z merke, was alls es Wunder isch.

Vo allne Sätz isch mer der letscht am meischte nacheggange. I ha mi wider einisch gfragt, was das de überhoupt syg, es Wunder. U de bin i druuf cho, dass mir erwachsene Lüt wahrschynlech nid für di glychi Sorte Wunder offe u bereit sy wi d Ching. Vilich hei mir z höchi Aasprüch, vilich warte mir uf Wunder, wo nid zu üüs wei – u verpasse di angere, wo zu üüs ghörte. U das sy vilich ganz uschynbari, alltäglechi. U das sy ou nid für alli Lüt di glyche.

I zum Byspil ha di Zyt zwüschem Erwache u em Aafa Schaffe nid gärn: I ha di schlächti Gwohnheit, dass i mängisch nume der mechanisch Ablouf vom Alltag, di programmierti Maschinerie vom Zytplan vor mer gseh. U wen i die Meinig im Louf vom Tag nid ändere, de isch dä Tag meischtens nüt so Wunderbars. Wahrschynlech sött i dä Satz nam Zmorgen es paarmal vor mi häre brümele, de passiere mer no meh settig Sache, won i scho lang nümm dra ggloubt ha.

Gottes Hand

I ha gäng gärn Gschichte gha. Sogar die, wo ne vil Lüt abschätzig ‹Gschichtli› säge. Wi we Gschichtli öppis wäre, wo me chönnt i Papyrchorb gheie oder wo no grad guet gnue wäre für Ching, aber sicher nid für Erwachseni u vernünftigi Lüt. Wie we Gschichtli nume nätt u härzig wäre u süsch nüt.

Ir letschte Zyt han i gmerkt, dass vili jungi Lüt äbesogärn Gschichte läse u lose, ou we's churzi Gschichte sy, u äbesogärn tüe si sen erfinge.

Eis vo dene Gschichtli, wo mir e Schüelere im Änglischunterricht gschribe het, wett i Nech jetze verzelle. Es isch e Wienachtsgschicht, chli hingedry, aber gäng no aamächelig.

Im Jahr Null, für gnau z sy e Tag vor der Geburt vo Jesus Chrischtus, isch e chlynen Ängel uf ere winzige Wulche ghocket. Er het meischtens di dräckige u längwylige Büeze im Himel müesse mache. Aber einisch isch äbe dä Tag cho, wo d Stimm vo Gott däm Ängel gseit het: «Du bisch son e flyssige u aaständigen Ängel, i gibe dir einisch e ganz e wichtigi Ufgab. Du geisch uf d Ärden abe ga verchünde, dass my Suhn Jesus geboren isch.»

Der chlyn Ängel isch sprachlos gsi u ufgregt, wil so wyt vo deheimen isch er no nie furt.

Gott het ihm gseit: «Reg di ab, du chasch das. I gibe dir es nöis wysses Chleid, e Kompass un e Lumpe, für e Heiligeschyn z glänze.»

Der Ängel het der ganz Tag sy Heiligeschyn putzt u am Aabe sys wysse Chleid aagleit. De isch er ab syr Wulchen abe.

Won er gäge d Ärde zue chunnt, wott er sy Kompass vürenäh. Aber dä isch niene z finge gsi. Är het nen allwäg uf syr Wulche vergässe gha. Jetz isch er no meh dürenang gsi als vorhär. Wi söll är der richtig Ort ohni Kompass finge? Gly wird em Gott sy Suhn gebore, u der Ängel fingt der Kompass nid, won ihm der Wäg würd zeige zu däm Ort, wo das wird gscheh! Är het nid vil Zyt gha zum Überlege, u drum het er beschlosse, är löi sech eifach gheie, u der Zuefall mach de, dass er am richtigen Ort landi.

Aber der Ängel het nid gwüsst, dass er i der Hand vo Gott isch u dass dä scho entschide het, wo dä Botschafter de wird lande. Är het däm Ängel eifach ds Gfüel wölle gä, är fingi der Wäg sälber. U so het der Ängel unnötigerwys gangschtet u sech ufgregt. Är isch dert glandet, won er het sölle.

U de het d Gschicht, das heisst, en angeri Gschicht, ersch rächt aagfange.

Vor churzem han i zuefällig e Satz gläse, wo mi wider a die Gschicht erinneret het. Es isch e Definition oder en Erklärig vom Zuefall u geit eso: «ZUFALL – so nennen wir die Handschrift Gottes, wenn er sich nicht zu erkennen geben will.»

Vorbilder

I ha i mym Läbe vil Mönsche lehre kenne, wo mir als Vorbilder vil ggä hei, aber eine dervo isch scho ender es ungwöhnlechs Exemplar gsi:

Mir hei während es paarne Jahr e Lehrer gha, u ersch no i mym Lieblingsfach, wo mi mängisch tüecht het, bi däm lehr i überhoupt nüt, es syg alles vergäbe, so längwylig sy syner Stunge gsi. Nach zwöi Jahr het er ersch afe vo der Helfti vo de Schüeler gwüsst, wi si heisse. Är isch mit syne Gedanke, oder ömel däm, wo me vilech so chönnt bezeichne, gäng am nen angeren Ort gsi, a Orte, wo mi denn nid intressiert hei, o wen er öppe dervo het verzellt; aber es sy nume so härepänggleti Sätz gsi, nie ganzi Gschichte. Churz: Dä Lehrer isch so zimli ds Gägeteil vom ne Vorbild gsi, u drum het er wahrschynlech ou e vil gröseren Yfluss uf mi gha, als er beabsichtiget het. Wen er überhoupt öppis het beabsichtiget.

Ja, das schlächte Byspil. Mängisch isch es glych für öppis guet.

Afe bin i ou Lehrer worde, un i ha probiert, all das, wo mi a ihm g'ergeret het, nid z mache. Syre Glychgültigkeit verdanken i wahrschynlech mys rächt guete Gedächtnis für Näme u Wörter. Aber no meh: Ersch wäge däm Unterricht, wo nid ds chlynschten Inträsse gweckt u nid di chlynschti Aaregig bbracht het, bin i ufgstachlet worde, gwungerig worde.

U wen i dänke, wi die Wuet über ihn mi treit het, mir Chraft het ggä für viles, won i ungerno ha, de mues i hütt fasch säge: Wahrschynlech sy di schlächte Vorbilder glych vil wärt wi di guete.
U drum bin ig ihm dankbar.

I chönnt Byspil verzelle, wi vorbildlechi Vorbilder ou chöi abschrecke, entmuetige, eim chlyn mache. I mache's nid – i höre mit emen eifache Sprichwort uuf, wo no einisch i chürzischter Form ds Glyche seit wi my Gschicht:

«Keiner ist unnütz – er kann immer noch als schlechtes Beispiel dienen.»

Silveschter

Es isch vor em ne Jahr i der Silveschternacht gsi.

Jetz mues i no säge, dass i die Nacht nid so gärn ha. Vor zäh Jahr ha sen einisch alleini i der Stilli verbracht, i ha mi eifach still gha, un es isch es guets Jahr worde.

Dä letscht Silveschter isch vilech ou eine gsi, won i lieber eleini verbracht hätt. I ha Chopfweh gha, bi müed gsi, wär lieber ga schlafe. Am halbi elfi sy mer i der Winternacht dür e Schnee zur Chilche gloffe. Es isch en alti, heimeligi, eifachi Chilche im Saaneland, si het nid emal elektrisches Liecht dinne.

Mir hei wölle singe bis churz vor Mitternacht. Mir sy i d Bänk abghocket. I ha gseit, i losi afe chli zue. D Froue sy vüre u hei e Platz gsuecht, wo d Lieder bsungers schön töne, hei afen einisch zwöi gsunge. Ds dritten isch e Kanon gsi.

Uf ds Mal isch vo mym Äcke es Chribele wi winzigi Wälleli obsi gstige, isch übere Hingerchopf, u nächär i Chopf yne. Un es isch gsi, wi we d Harmonie u Melodie vo däm Lied eifach myner Schmärzen im Chopf Stück für Stück usegheiti.

Wo di drei Froue gschwige hei, isch my Chopf gsi, wi wen i ne grad nöi übercho hätt. I bi ganz still bblibe, ha probiert, öb das würklech wahr syg, ha gmerkt, mou, u bi vüre ggange i vorderscht Bank, ha ghulfe singe u de gseit: «I wett dä Kanon no einisch singe, hesch mer es Blatt?» Eini vo de Froue het gseit: «Es isch ganz liecht, du bruuchsch keis.» Du het si d Melodie no einisch gsunge, un e chüeli Wälle isch dür my Chopf

obsi. Der Täggscht syg uralt, het si gseit, är syg us em
früeche Mittelalter, vo de Benediktiner, u ganz eifach:

    Schweige und höre.
    Neige deines Herzens Ohr,
    Suche den Frieden.

Danke, du uralts Lied, dass d mi gsung gmacht hesch,
o wen i sibehundert Jahr na dir uf d Wält bi cho.

Glasschirbi

Wen es paar elteri Manne zämehocke, vo was rede si? Vo vilem. Aber die, won i vor churzem derby bi gsi, hei vo der Zyt na der Pangsionierig gredt. Was für Visione, Utopie u Zil si heige.

Eine het gseit, är wöll afen einisch alles ufruume u furtgheie, was er nümme bruuchi. Eine het wölle gueti Schue choufe u vo Paris uf Wien loufe. Eine het wölle die Sprache lehre, won er nie Glägeheit het gha derfür. Eine het im Piemont es verfallnigs Huus wölle choufe u's de usboue. En angere het gseit, är wöll uf ne Wältreis.

Eine het nüt gseit u nume so zueglost u vor sich a Bode gluegt. Wo si ne du gfragt hei, was är de so wöll mache, het er gseit: «Ja, i blybe allwäg deheime u luegen am Wätter zue. Aber nam Zmorge, da machen i öppis, won i scho lang wett. I fahre ja jede Morge mit em Velo i d Stadt. Un i chumen a Stelle verby, won es meischtens Glassplitter u Schirbi am Bode het. Vo Bierfläsche oder Gleser, wo am Aabe vorhär dert an e Muur gschmätteret sy worde. D Strassewüscher chöme nid all Tag, u mängisch zirklen i es paar Morge hingerenang näb dene Schirbi düre. Wenn i Päch ha, so macht's pfff, un i ha wider einisch kei Luft i de Reife. Die Splitter göh i Gumi u schaffe sech bis i Schluuch yne, teil sofort, anger hei lenger. Also: Wen i pangsioniert bi, gan i de jede Morge nam Zmorge mit em Velo u em ne Chesseli dä Wäg ga mache u wüsche die Splitter uuf u tue sen i d Glassammlig. I bi zwar nid eine,

wo meint, es mües alles gäng suber sy, aber die Glassplitter – es het mi gäng tüecht, die sötte wägg.»
 Es het zersch niemer reagiert. Nächär het eine gseit: «Chasch di doch la aastelle, die wärde wou no es Pöschteli im Büdschee ha derfür?» «Isch nid nötig», git är zrügg. «I chume vür ohni das.»

I ha zimli lang über das nachetänkt. U wi meh i nachegsinnet ha, umso meh isch's mer vorcho, dass dä Maa rächt het. Übrigens isch är lang nid der einzig. Es git wahrschynlech tuusigi vo Froue u Manne, wo irgendwo i üsem Land öppis Chlyns mache, wo se niemer zalt derfür u wo si ou gar nüt derfür wei u wo si nid emal drüber rede. Es isch für se so sälbverständlech wi schlafe u schnuufe u ässe u trinke. Öppis tue, für angerne Schwirigkeite us em Wäg z ruume. U mängisch han i ds Gfüel, eigetlech funktioniert viles i üsem Land ou wäg ihne no so einigermasse, nid nume wäg de Gsetz u Vorschrifte, wäg de Löhn u de Stüüre, wäg der Polizei u de Buesse.

Wölle-sölle-müesse-Blues

Denn wo me das wett,
wo me chönnt,
het me meischtens kei Zyt,
wil me zersch gäng
no öppis mues,
wo me meint, me sött.

U we me de das
schliesslech chönnt,
wo men albe het wölle,
wil me jetz nümme mues,
was me sött,
het me ke Gluscht meh.

Aber vilich grad no Zyt
usezfinge,
was me jetz
würklech wott wölle
u nid nume meint,
me sött's müesse sölle.

Wienachtslied

I wünsche mir kei nöie Radio u ou keis Fernseh,
i wünsche mir öppis, wo me nid cha choufe,
wi zum Byspil:
Mir losti enang besser zue.
Di Grosse de Chlyne, di Lute de Lyse,
lose, was blybt, we der Lärme verby isch,
lose mit Füess u Ouge u Häng,
gspüre, was hinger de Wörter no isch:
Zersch lose, de rede, das wünschen i mir,
u Öich allnen ou.

I wünsche mir keis nöis Outo u ou keis schnälls,
i wünsche mir öppis, wo me nid cha choufe,
wi zum Byspil:
Zyt für ds Langsame ha.
Zyt für uszläse, mit was i wott läbe,
u nid alls sofort furtgheie wi Ghüder.
Zyt ha zum Sorgha u nid zum Totschla,
Zyt ha für mi, gseh, won i bi –
Zyt ha für d Zyt, wo chunnt, das wünschen i mir
u Öich allnen ou.

I wünsche mir keis nöis Gsicht u ou keis jungs,
i wünsche mir öppis, wo me nid cha choufe,
wi zum Byspil:
Merke, was hingedra isch.
Hinger de Gsichter, de herte u stumme.
Lätzi Gedanke, toti Ideene,

u was alls Bsungerbars, Eigets u Schöns
drunger no vürechäm, we men ihm rüefti
mit de richtige Wort, das wünschen i mir
u Öich allnen ou.

Wünsche wär guet, aber vilich wär's ou guet,
mir fragten üüs mängisch,
öb üser Wünsch ou würklech
üser eigete sy, u nid die vo angerne,
zum Byspil:
die vo de Nachbere oder de Sterchere
oder de Gleitige oder de Hertere
oder de Lute oder de Junge
oder den Alte oder der Angscht.
Das z merke, wünschen i mir
u Öich allnen ou.

D Schwyz u d Wält

Ähri ufläse

Im Ougschte 1943, am ne heisse Tag, het my Vatter gseit: «So, hütt chunnsch mit uf ds Fäld, chasch de Ross Bräme wehre.»

Mir sy mit em Wage abgfahre u sy e Viertelstung später bi däm Weizefäld aacho, wo mir hei d Garbe wöllen ytue dä Namittag.

Währet de nächschte zwo Stung hei sech gäng wi meh Lüt aagsammlet am Rand vom Fäld, i myr Erinnerig syn es vor allem chlyni, uralti, schwarz aagleiti Froue gsi u de no paar glängwyleti Ching.

Üser Lüt hei Fueder um Fueder glade u heigfüert.

Wo d Helfti vom Fäld isch läär gsi, fragt eine vo de Chnächte: «Sölle si jetz cho?» – «Nei, i wott zersch no räche», git der Vatter ume. I ha der Chnächt gfragt: «Was wei die Lüt eigetlech?» U währet der Vatter isch ds Ross ga i Rächen yspanne, het mer der Chnächt gseit: «Das sy di arme Lüt, wo fasch nüt z ässe hei. Die chöme cho d Ähri ufläse, de bringe si d Chörner i d Müli u überchöme de ds Mähl. U de bache si Brot.»

I ha ne nid gfragt, wivil de überhoupt no vürig blybi, u ou nid, wiso di Frouen arm syge. Wi so vil angers isch das eifach so gsi. Punkt.

Es git no anger Lüt, wo sech ersch hütt, afe rächt spät, aafö Frage stelle.

Wen i ghöre, wi sech d Schwyzer währet em Zwöite Wältchrieg sölle berycheret u ufgfüert ha, chöme mir gäng wider die Ähriufläserinne u die Ching z Sinn u dür was für ne Zuefall dass i nid zu dene Ching ghört ha, un i frage mi: «We uf eim Fäld vierzg Lüt zwägstöh u warte, dass si chöi paar Ähri ufläse – wi mängs Tuusig settigi Froue hei denn i der ganze Schwyz uf den abg'ärnete Weize- u Roggefälder ihres schitteren Ässe probiert ufzbessere, u werum het me se hütt völlig vergässe u redt vo üüs, wi we mir di grosse, gäldgierige Profitmacher gsi wäri?

Settigi het's ggä, wi bi jedem Chrieg, aber vo den angere, wo nüt dervo hei gha u hei ungedüre müesse, wär redt no vo dene?

Jetz sy mer da u blybe da

I hätt letscht Jahr sölle e Bundesfyr hälfe uf d Bei stelle oder sogar e Red haa, aber i ha abgseit, wil i wägg bi gsi. Allerdings: Zweni ygfalle wär mer nid, im Gägeteil, sit öppen em ne Jahr fallt mer nume zvil y zu der Schwyz u ihrem gstörte Verhältnis zu der Vergangeheit. Zu de Beschuldigunge, Sälbschtbeschuldigunge u Ähnlechem. Aber i ha no Schwirigkeite, das in en übersichtlechi Ornig z büschele.

Aagfange het es eigetlech scho vor über zäh Jahr. Mir hei Lüt bsuecht i däm Land, wo denn no DEUTSCHE DEMOKRATISCHE REPUBLIK gheisse het u hütt nümm exischtiert. Natürlech hei mer ou vo üsem Land verzellt, u wil mer di Lüt nid mit üsnen Erzählige hei wölle nydisch oder wüetig mache, hei mer rächt usgibig di unerfröileche Syte vo der Schwyz vüregstriche:

Waldstärbe, Gäldmacherei, Missgunscht, Waffenhandel, Verschwändig. D Uswahl isch denn scho gross gsi für die, wo süchtig sy nach schlächte Nachrichte. Üser Zuehörer sy aber allem aa nid glücklecher worde der-dür.

Ändlech het eine gseit, mir sölle nes nid übel näh, aber es syg ihne gar nid wohl, we mir so über üses Land redi. Wiso de?, hei mer gfragt. Mir heige nume nid als die wölle dastah, wo im ne privilegierte Land dörfi wohne u jetz da so gönnerhaft uf si chönni abeluege. Das syg ihne glych, git är zrügg, das syg *üses* Problem. Si gseije's angers. Me red eifach nid eso über nes Land, wo me dry yne gstellt syg u drin chönn läbe. Natürlech göi's ihne schlächter, si heige weniger Gäld u weniger Müglechkeite, u mängisch chömi si sech scho als Gfangeni im eigete Land vor, aber jetz syge si da u blybi da, wil: Einisch änderi das alles, u si syge bereit, we's de einisch drum göi, sich yzmische, u das duuri nümm lang.

U de het er no öppis gseit, wo mir denn sältsam vorcho isch. I ha denn no nid vil dermit chönnen aafa, un i weis no hütt nid, öb er nid z hööch ggriffe het dermit. Är het nämlech gseit:

«So wi üüs ds Läbe ggä oder sogar gschänkt isch, so isch üüs ou ds Land ggä u aavertrout worde, un i finge, mir hei mit üsem Land eso umzgah wi mit üüs sälber, wi mit üsem Läbe.»

Der Schwyzer Pass

Eismal bin i am ne Huus verbycho, wo zimli vil Wörter u Sätz dra gspreyet u gmalt sy gsi. Eine vo dene Sätz han i zwöimal müesse läse, bevor i ne ggloubt ha: «Tausche meinen Schweizer Pass gegen den eines x-beliebigen Landes», isch da gstange.

Wär schrybt so öppis?, han i tänkt. Wahrschynlech öpper, wo fingt, es loufi hie vil faltsch, öpper wo's ihm nid wohl isch, oder eine, wo ke Arbeit het, wär weis. Vilech ghört er ou zu dene, wo ds Gfüel hei, si heigi d Nasen am Ändi vo der Zivilisation aagschlage, u si wetti zrügg, in e Zyt oder in es Land, wo me no chli weniger wyt isch als hie. Wo's no weniger vo däm het, won en angere ou a d Wang gspreyet het, nämlich ‹Zuvielisation›. Adrässe isch leider keni drunger gstange. Süsch hätt ig ihm e Vorschlag gmacht.

Es git nämlech Länder, won er das alles wider het, won er hie vermisst: Länder, wo no en Ufbou vor sech hei, u das git zimli z tüe. Also Arbeit hätt er. Länder mit zweni Zivilisation, Länder mit abetüürlecher Unornig u fotogenem Eländ. I chönnt jetz e ganzi Zylete Länder ufzelle, es gnüegen aber scho di paar Länder öschtlech u südlech vo Ungarn, also europäischi Nachbarländer, wo rächt vil Mönsche zimli Fröid hätti am ne Schwyzer Pass. Z ungernäh, z wärche gäb's dert e ganze Huuffe: Süsch söll er einisch ga luege, was er dert alles nid überchunnt, wen er Ersatzteile wett für öppis z flicke; är chönnt gseh, wivil Land dert brach ligt, wil me viles lieber us em Usland billig yfüert anstatt's sälber us em eigete Bode z produziere. Oder er chönnt in es Spital gah, für z gseh, dass dert Zueständ herrsche, wo eidütig nid zvil Zivilisation vorhande isch, Lüt, wo am Bode schlafe, Wasser, wo verdräcket isch, Medikamänt, wo fähle.

Alli die Schwyzer, wo ihre Pass gärn wetti mit eim vom nen angere Land tuusche, sölli also druflos. Vilech gründet eine sogar es Pass-Ustuusch-Büro: Me het Öich würklech nötig! U die us dene Länder, wo nümm vil geit, chönnte de zu üüs cho u lehre, wi mir's mache. De chönnte si dank ihrem Schwyzer Pass ou sofort öppis schaffe, statt numen i Asylunterkünft uf glücklecheri Zyte warte. U nächär zrügg, ungfähr denn, we di gflüchtete Schwyzer gnue hei vo den Abetüür i nid so entwicklete Länder.

Wär macht der Aafang?

Erschten Ougschte

Der erscht Ougschte, der Bundesfyrtag, isch e Tag, wo vili vo üüs es gstörts Verhältnis derzue hei. I sälber han es paar Jahr sogar druuf gluegt, dass i denn alben im Usland bi gsi, wil i das Gchlepf nid ma verlyde. Afe wäg mynen Ohre, aber ou, wil i mi öppe frage, was mir Schwyzer eigetlech mit däm Krach wöllen übertöne? E Bundesfyrtag sött doch zum Fyre da sy, u das heisst für mi, für ne Bsinnig, u drum tüechts mi, da müesst öppis ändere. Es paar Vorschleg:

Erschtens sött me ne verschiebe, us de Schuelferien use, we so vil Lüt wägg sy, uf aafangs Septämber mira. Mir hätti gloub meh dervo.

Zwöitens: E nöiji Nationalhymne sött häre, eini, wo weder national no hymnisch isch, sondern eifach, melodiös, fröhlech, nachdänklech u ehrlech. Uf jede Fall öppis, wo d Fuessballspiler vo der Nationalmannschaft u ihrer Fäns ring uswändig lehre u überzügt chöi singe. U die, wo nid Fän sy, ou.

Drittens: I der Schwyz het's gäng vil Grübler, Tüftler, Erfinder u Dänker ggä. Es wär einisch nache, denen ihrer Plän, Entwürf, Skizze, Visione u Utopie i Zytige oder no besser Usstellige em Volk u vor allem de Politiker vorzstelle. Es isch unghüür, was bi üüs scho alles ustänkt u vorgschlage worden isch u kes Echo het gfunge, wil eifach d Zyt no nid ryf isch derfür. Use mit däm

Züüg us den Archiv u de Schublade! Vil dervo isch wahrschynlech kurios u nid vil wärt, aber i angerem wär vilich e Lösig für technischi, medizinischi oder politischi Problem scho zwäg u mir wüsse's eifach nid. I säge das, wil i vor paarne Jahr e füfzgsytigen Entwurf zuegschickt übercho ha: en Entwurf vo re umfassende Armeereform, öppis, wo wyt über ds rein Militärischen usegeit u vilich bis i dryssg Jahr chönnti verwürklechet sy.

Oder i dänke a dä Vorschlag vo 1955, wo men anstatt ere Landesusstelig e nöiji Stadt het wöllen ufboue, e Modällstadt, wo me nächär nid hätt müessen abbräche – si hätti als Experimentierstadt chönne wyterbestah ...

Viertens: Statt numen e Bundesfyrtag sött men e Wuche oder zwo mache. I gseh die Bundesfyrwuchen öppe so: Alli die, won en Erger hei uf d Regierig, uf d Verwaltig oder süsch es Büro oder e Bruefsgattig, sölle mal zwo Wuche däm, wo si nid so gärn hei, ga zueluege, oder, no lieber, dert ga schaffe. E Journalischt zum Byspil, wo gäng wider öppis z kritisiere het, chönnt einisch e Zyt lang, am liebschte grad es paar Monet, i Nationalrat yne hocke u dert syner kreative, kritische u übersichtlechen Ideene ga ybringe, u der Nationalrat übernimmt em Journalischt sy Poschte bi der Zytig u schrybt drüber, win är ds Regiere vo ussen erläbt, u de gseht är ou dert dry yne, nach was für Reglen e Brichterstattig entsteit, wi si gchürzt wird, was für

Schwärpünkt dry chöme, är gseht, wie me cha mogle u bschysse: wi me us ere Vermuetig mit paarne Wörter en Unterschiebig cha mache – und so wyter. E Manager chönnt an es Fliessband ga schaffe; oder Asylantebetröier würde sicher einisch tuusche mit settigne, wo gärn i ihrem eigete Hüsli hocke u vo dert uus meine, so wi si di schwyzerischi Asylpolitik gseje, nume so syg's richtig.

Füftens: Tagige, Träffe, Begägnige uf d Bei stelle, i ren Art Zuekunftswärchstatt, wo Jungi u Alti drinn zämeschaffe u ihrer Vorstellige vo der Zuekunft vo der Schwyz, utopischi u realistischi, visionäri u sachlechi usbreite. (I ha ghört, genau das wär scho lang nötig: Dass sech e Mehrheit vo de Politiker würklech mit ere Zytspanni vo zwänzg oder meh Jahr würdi beschäftige, nid nume mit de nächschte drei Wuche u em Zytplan für ihri nächschti Widerwahl.) Es wär nid ds erschte Mal, dass die, wo nid Fachlüt sy, mängisch grad di überraschendschte Lösige u Ideene bringe. Uf die Art hätte mer sicher zimli gly ou das Lied binang, wo so öppis win e Nationalhymne chönnt wärde. U wo wahrschynlech en angeri Bezeichnig sött ha.

Sächstens: Halt. Das u ds sibete und so wyter überlan i jetz Öich. Wyterfahre chöit Dihr sälber – u Öier Ching.

Intelligänzreservoir

I re Fernsehsändig über Russland han i e Maa ghört es paar Sätz säge, wo mi no hütt verfolge.

Es isch e Sändig gsi über d Kriminalität i däm risige Land. Der Maa sälber isch e Fachmaa gsi für Fältschige. Är het sech genau uskennt mit Aktiefähldrucke, Kreditcharte, faltsche Note u ähnleche Dokumänt. Är het vil z tüe gha. Wo ne der Interviewer fragt, win er sech di absoluti Spitze-Qualität vo dene Fältschigen erkläri, wo fasch nume no vo paar Experte u gly einisch vo niemerem meh chönni erchennt wärde, we di technischi Usfüerig wyterhin so Fortschritte machi, het er gseit. «Mir sy hie im ne Land, won es z vil intelligänti Mönsche git, aber überhoupt ke Arbeit u kener g'eigneten Ufträg für se. Das sy geniali Type, wo die Sache mache, u si tüe mer Leid, vowäge: di einzigi Müglechkeit, wo si hei, für z überläbe u ihrer geischtige Fähigkeite würklech z bruuche, isch nume no i re kriminelle Karriere.» U de het er Byspil zeigt vo dere raffinierte Fältschigsarbeit.

Är het es Thema aagschnitte, wo mi scho lang beschäftiget: nämlech, öb mir ou würklech derfür sorge, dass bi üüs alli i däm Bruef chöi usbbildet wärde, wo si derfür g'eignet sy, oder öb si sech mit öppisem müessen abfinge, wo ne nid ligt.

I ghöre mängisch Gschichte vo Fabriggarbeiterinne, wo Ärztinne worde wäri, we si nid im ne Land wohnti, wo si äbe die Chance nid hei. Oder Gschichte vo

Putzfroue, wo Dolmetscherinne hätte chönne wärde; chlyni Aagstellti, wo Professore chönnti sy, oder ou Gschichte vo Gfangene, wo vilich fähigeri Politiker wären als die, wo sen yglochet hei.

Aber das isch alls wyt ewägg. U bi üüs ir Schwyz?

I kenne di nöischte Zahle nid, wivil jungi Lüt kei Lehrstell finde oder wivili, wo ihri Usbildig abgschlosse hei, überhoupt no i ihrem Bruef chöi schaffe. Aber d Aazeiche sy da, dass es weniger u weniger Glägeheite git.

Was mache de di vile kreative, fantasieryche u uruehigen Arbeitslose?

Oder angers gfragt: Was mache mir für si, dass es nid so wyt chunnt wi i angerne Länder?

D Wält rette

Eismal han i wider einisch eine ghört säge: «We mir d Wält wei rette, de müesse mer, u de sötte mer ...», u nächär syn e Huuffe Vorschleg cho, was men alls sött, u wahrschynlech sy weni dervo nöi für Öich.

Fasch glychzytig han i vo eim ghört, wo gseit heig: «Bevor mir d Wält chöi verändere, müesse mer zersch üüs sälber verändere. Nume wär mit sich sälber im Reinen isch, cha öppis Guets u Sinnvolls bytrage zu der Rettig vo der Wält.»

I weis nid, was mit mir los isch, aber i ha myner Bedänke bi beidne. I finge's zwar guet, dass sech Lüt Gedanke mache drüber, wi d Wält söll verbesseret wärde. Aber i ha eifach der Verdacht, si mache sech's z liecht, u zwar, wil si sech's z schwär mache. Wiso mues es eigetlech d Wält sy, di ganzi Wält?

My zwöit Verdacht: I gloube, das säge vor allem Lüt, wo nid vil ir Wält ume chöme. I bi zwar ou no fasch niene gsi, aber wi verschide d Lüt, d Länder, der Gloube, d Brüüch u d Bsitzverteilige uf der Wält sy, das isch mer rächt klar, u dass mir vilech angeri Massstäb sötten aasetze, we mer i angeri Ärdteile chöme, das ou.

Jede Mönsch het ja sy Bitz Begabig mitübercho, aber nid nume das, ou sys Tämperamänt, sy Familie, sy Umgäbig u sy Läbeszyt. U die Begabig isch chlyner oder gröser, d Läbeszyt chürzer oder lenger, d Umgäbig gfröiter oder ungfröiter, je nachdäm, wo öpper läbt.

Wahrschynlech hei mir no vil angers zueteilt übercho, zum Byspil vilich ou di Aazahl Lüt, wo mir by nen öppis chöi verändere, u verändere heisst: ihne hälfe, ihne Zuewändig gä, ihne Wäge i der Entwicklig z zeige.

Wen i mir vorstelle, i müesst hälfe d Wält verändere, wirden i sofort müed u schlapp u muetlos u wett mi am liebschte ga verschlüüffe. Wen i überlege, i was für em ne chlyne Bitz Wält um mi ume u bi was für Mönsche i cha hälfe mitschaffe, de bin i weniger fruschtriert.

Wär weis – vilich isch grad das hööchgstochne Gred vo der *Wält* tschuld a vilnen Enttüüschige u verlornigem Läbesmuet.

Übrigens: Wen i es Wort nid gärn ha, so isch es das Wort ‹Wältungergang›.

Mi tüecht, da steckt der glych Ungeischt drinne, wo sech nid cha beschränke u gäng mit de gröschtmügleche Kategorien um sech schlat. Natürlech geit gäng öppis unger, aber gäng wider entsteit Nöis. Aber Wältungergang?

Wiso? Unger was ungere sött si ou!?

Über e Fluss

Vo de verschidene Bruefe, won ig i mym Läben afe drinne bi gsi, git es eine, won i eidütig am liebschte gmacht ha. Es isch e Bruef, wo fasch wi dür ne Unufmerksamkeit us der alte Zyt i üsi grettet worden isch. D Bürokratie u der Rationalisierigswahn hei nen eifach nid beachtet; si hei nid gmerkt, dass da öppis wyterlouft, wo lengschtens chönnti uf ne modernere Stand bbracht wärde.

Dä Bruef, won i dervo rede, isch dä vom Fährimaa am ne Fluss. Es Brüggli boue isch ke Kunscht, aber e Fähri la bestah, das isch eini.

Was i a der Aare erläbt ha u erläbe, isch vilech ds Glyche wi das, wo d Fischer an e Fluss zieht. Es het ömel nüt mit Gwinnen u Profitmache z tüe. Mir isch es ou nie wichtig gsi, öb vil Lüt oder weni übere hei wölle oder öb das räntieri. Was isch es de?

I chönnt jetz drüber rede, was das uslöst i mir, wen i em Wasser bim Fliesse zueluege, der Veränderig vo de Tageszyte, oder i chönnt d Verwunderig vo de Ching beschrybe, wo am Aafang nid chöi verstah, wiso e Fähri ohni Motor so rasch am ne Kabel naa cha über ne Fluss ruusche.

Es gäb no vil z säge, aber i wett numen über ei Erschynig öppis verzelle. I fahre mit der Fähri a Landigsstäg häre, zieh se no chli zueche, bis der Bootsrand der Stäg berüert, u de styge d Lüt y. Bim erschte Schritt uf d Fähri runzele si d Stirne, sy no chli ängschtlech, bim zwöite entspanne si sech wider, u we si de uf e Bank im Boot abhocke, sy si zfride, ganz locker, u de säge si plötzlech: «Es pressiert de nid». Oder: «Tüet de bitte chli langsam fahre.» Oder: «Chöit Dihr de ir Mitti chli still ha?» Oder: «Das gfiel mir ou, aber wi isch's de, we's schiffet?»

We uf der angere Syte kener Lüt warte, pressieren i natürlech nid. D Langsamkeit cha me mit em Rueder oder em Stachel gnau regliere. U we scho einisch öpper Langsamkeit wünscht, de wiso nid?

I ha no nie einen erläbt, wo's ihm pressiert hätt – sobald er uf der Fähri hocket, isch jede zfride, är luegt nid emal meh uf d Uhr.

We Dihr's nid gloubet, de göht sälber uf ne Fähri, we Dihr einisch ke Zyt heit.

Vom Rede u vom Gloube

Gloubet nid dene, wo säge: «Dihr hättet äbe sölle...»
Gloubet dene, wo säge:
«Ds näächscht Mal mache mer's
de angers u besser.»

Gloubet nid dene, wo säge:
«Das isch sowiso nid müglech.»
Gloubet dene, wo säge:
«Vilich bringe's de üser Ching
oder Grossching zstang.»

Gloubet nid dene,
wo a ds Rede gloube,
oder vom Gloube rede.
Rede isch Silber,
Läbe isch Guld.

Mit em Strom schwümme isch schön,
aber besser isch: usstyge, lande,
uf em Land trochne u luege,
was dert z mache wär, zum Byspil:
am Ufer naa de Quelle zue loufe.

Überhoupt: Die, wo gäng säge,
wi si gäge Strom wölli schwümme,
göh entweder nie in e Fluss ga bade
oder hei es Motorboot.

Jufle

Wär pressiert,
het nüt, ussert
dass er ender dert isch,
won er meint,
är mües hi gah,
für dass er de ender
wider cha ufbräche,
derthi, won er hi sött,
für dass er
no rächtzytig wider
wyter cha, derthi,
won er
vor luter Pressiere
ungereinisch
nümm weis,
für was er
überhoupt
dert isch.

Ferielied für Turischte

Chömet cho luege, chömet cho schmöcke,
hie heit Dihr Wasser u Wermi u Sand,
chömet cho stuune, chömet cho bruune
hie a däm sunnige Palmestrand!
Hie isch no Luscht u Läbe,
heiteri Mönsche u äbe:
Sache voll wilder Exotik u so,
wo Dihr scho ds Läbe lang tröimt heit dervo.

Ja, a der Küschte isch's no nid so bsungers,
hingäge im Innere besseret's de.
Dert git es malerisch eländi Hütte,
derhinger Vulkane mit ewigem Schnee.
Dert isch's no richtig wild,
un es git mängs schöns Bild
vo farbige Chleider u sältsame Brüüch
u härzige Ching mit so ganz runde Büüch.

Nid emal tüür, aber glych abetüürlech
isch d Religion, hundert Franke pouschal.
Mit de berüemte Stärbezeremonie
u de beliebte Paarigsritual.
Ja, das erhudlet de eim –
meh weder d Predige deheim!
Da'sch no ursprünglech u läiv un eso,
u s git irrsinnigi Dia dervo.

U da chöit Dihr luege, öb das würklech stimmi,
wo Dihr im Radio u Fernseh heit ghört.
Alli di Gschichte vo Gfängnis u Folter –
das sy alls Grücht! Das gseht Dihr de dört!
Ds Wätter isch schön, u der Himel isch blau,
u üüs hei si gärn, wil mir sy ja nöitrau!
D Mönsche sy nätt u bescheide u froh,
u chlauen eim nüt, werum sötte si o?

Chömet cho luege, chömet cho schmöcke,
was es so git i der Dritte Wält!
Chömet cho luege, wi d Mönsche so läbe.
Hie heit dir öppis für ds Gmüet u für ds Gäld.
Hie isch no Läben u Luscht!
Deheim heit Dihr numen ei Fruscht.
Was Dihr hie gseht, das packt Nech eso,
dass Dihr no ds Läbe lang troumet dervo!

Läse

Büecher

Vor öppe drüütuusig Jahr het me di erschte schriftleche Dokumänt aafa sammle u zämehefte, angers gseit, me het denn das erfunge, wo men ihm hütt BUECH seit. U hütt ghört men öppe, we di elektronische Medie derewä überhand nähmi, de syg di grossi Zyt vom Buech wahrschynlech fertig. Anger säge, Büecher u Computermedie wärde näbenang wyterbestah – aber nümm so lang, win es scho Büecher git. I gloube das ou.

Drum, bevor's ganz verschwindet: Was isch überhoupt es Buech?
  Es Buech ersetzt Rede u Zuelose, Gspräch u Unterhaltig. Chöi mir üüs vorstelle, wi weni Glägeheite d Mönsche i früechere Zyte gha hei, überhoupt a die Informatione häre z cho, wo si nötig gha hätte? Wi sälte si die Aaregige übercho hei, wo ne ds Läbe erliechteret u sen us Angscht u faltsche Vorstelige hei usegfüert? Wi schwirig es gsi isch für di intelligänten Einsame, grad die Mönsche lehre z kenne, wo si mit ihrne Gschichte u Gedanke uf bsungers grosses Verständnis hätti chönne stosse?

Denn het me no wyti Reise müessen ungernäh, zu weise Lüt, we men öppis Bsungers het wöllen erfahre. Sogar zu Büecher isch me greiset.

Hütt syn es d Büecher, d Zytige, ds Fernseh, ds Internet u ds E-Mail, wo zu üüs reise, u mir hocke deheime u picke dört die Bröchen use, wo mir meine, mir müessi se ha.

Es isch das Usepicke, das Zerstückle u Verhäckerle, wo mi mängisch lätz tüecht. I rede ou vo *myne* Sücht: vier bis acht Büecher näbenang i churze Portione läse, derzwüsche Zytigsartikle zur Kenntnis näh, Radiosändigen u Fernsehprogramm. Was blybt? Bi mir vor allem e Sehnsucht, wider einisch es Buech z läse, wo mi nümme loslat u wo's schad wär, wen i dernäbe no angers würd ynezieh. Denn wird ds Buech sälber zu re Wält mit ere bsungere Chraft. E Chraft, wo so starch cha sy, dass me ds Gfüel het, es fangi e nöie Läbesabschnitt aa.

Büecher ändere sech

Wen i es Buech ds zwöite oder ds dritte Mal lise, so erchlüpfen i mängisch drüber, was i alls ds erschte Mal nid gmerkt ha.

Vor zwänzg Jahr han i ds erschte Mal em Tschingis Aitmatov sys Buech DSHAMILJA gläse. Das Buech het en Untertitel gha, oder ender e Wärbespruch: «Die schönste Liebesgeschichte der Welt.»

I ha i die Gschicht gläse u ha probiert usezfinge, was das syg, das Bsungere, das Schönschte i der Liebi vom Danijar u der Dshamilja, u ha's nid so rächt gfunge. Wahrschynlech ligi's dranne, dass di Gschicht ja us der Sicht vom ne Vierzähjährige verzellt wird, han i tänkt.

Won i sen aber vor zwöine Jahre wider gläse ha, isch mer ufggange, was der würklech Grund isch. Da steit ja über d Liebi vo Maa u Frou vil weniger drinn als über nen angeri Art vo Liebi, u wen i hütt a das Buech dänke, so chunnt mer vor allem die z Sinn. Es isch d Liebi zu der Ärde, zu der Schöpfig, zu allem, wo me gseht u ghört u gspürt. U das isch es, wo der Dshamilja am Danijar so gfallt – meh als nume gfallt! U ds Bsungere: Das alles wird nid kommentiert oder erzellt, sondern der Danijar singt syni Liebi zu allem, wo läbt u wachst i länge Lieder, i der Nacht, uf em Wage, wo si zäme dä wyt Wäg vom Bahnhof i ds Dorf zrüggfahre, stungelang.

«Diese Liebe erfüllte ihn ganz, sie klang aus seinen Liedern, sie war sein Leben. Ein gleichgültiger Mensch hätte niemals so singen können, und wenn seine Stimme noch so gut gewesen wäre.

Kaum war der letzte Widerhall des Liedes verklungen, da klang es von neuem zitternd auf und weckte die schlafende Steppe. In breitem Strom wogte das bläuliche reife Korn, das die Mahd erwartete, und der erste Morgenschimmer glitt über die Felder.

An der Mühle rauschten mächtige alte Weiden leise mit dem silbrigen Laub, jenseits des Flusses erloschen die Hirtenfeuer. Bald hinter den Gärten verschwindend, bald wieder auftauchend, flog ein Reiter lautlos wie ein Schatten dem Ufer entlang.» ... Und so wyter u wyter probiert der Erzähler der Ydruck vo dene wunderbare Lieder z schildere.

Was i mit der Dshamilja erläbt ha, isch numen eis vo vilne Byspil vom ne Buech, wo win es Mässgrät würkt. Mir chöi drann abläse, wi mir üüs verändere und üsi Optik wächslet. Es git zwar ou Fotone us verschidene Jahrzähnte vo üüs, u der täglech Blick i Spiegel, aber i finge, es Buech, wo üüs e nöji Gedankewält spieglet, we mer's im Abstand vo paarne Jahr wider läse, git üüs es tiefers Gfüel vo re Veränderig oder sogar em ne Ryfer-Wärde, als we mer eifach es Fotoalbum düreblettere.

En unbedütende Tag

Mys sterchschte Theatererläbnis han i gha, won i öppe sibezähni bi gsi, u sider han i das Stück no öppe sächsmal gseh u zähmal gläse. U wen i's wider einisch uf der Bühni gseh, so tschuderet's mi jedes Mal ab eire churze Szene, ou we si schlächt gspilt wird, wil ja ou i dere Darstellig gäng no ds Erläbnis vom erschte Mal düretönt.

Ds Stück heisst: «Unsere kleine Stadt» u isch vom amerikanische Dichter Thornton Wilder.

Am Aafang vom dritten Akt hocke paar Lüt uf Stüel, wo i zwo, drei Reie stöh, u rede lysli mitenang, ohni d Chöpf z dräje. Zwe stöh u trappe umenang u schyne uf öppis z warte. Mir erfahren us ihrne Wort, dass d Emily, d Houptfigur vo däm Stück, im Chindbett gstorbe syg u jetz begrabe wird. U ungereinisch merke mer: Das isch ja e Fridhof, u di Tote rede über di Läbige u di Läbige über di Tote. U jetz chunnt ou d Emily u ghört das alles, un es wird eren eländ, u si fragt der Spilleiter, wo üüs, d Zueschouer, dür ds ganze Stück füert, öb si nid no einisch chönn zrügg gah. Dä seit, mou, aber si söll lieber nid; är wett se warne dervor. Si wott aber, u won är's ihre schliesslech erloubt, seit er ihre no: «Tue e ganz unbedütende Tag wähle.»
 Si bestimmt ihre zwölft Geburtstag. U de chunnt si i d Chuchi, d Mueter steit am Chochherd, luegt se nume flüchtig aa u plöiderlet de munter wyter, seit, was für

Wätter syg, won es Gschänk ligi u wär dä Morge scho da gsi syg. D Emily steit als Ching da, mit em Bewusstsy vom Erwachsene, wo ja di ganzi Fortsetzig kennt, u cha vor luter Schock u Aasträngig nümm rede. Mi weis zersch nid rächt, wiso si dä gwaltig Schreck het. Si haltet's fasch nümm uus. Si probiert ihrer Mueter z säge: «Lueg mi en Ougeblick aa, wi we d mi würklech würdisch gseh. Jetz sy mir no alli binang. Aber mir hei gar kei Zyt, enang würklech aazluege ...» U so redt si wyter, u bevor si wider zu de Tote zrügg geit, seit si no: «O Ärde, du bisch vil z schön, als dass öpper di cha begryffe. Begryffe d Mönsche ds Läbe, währetdäm si's läbe, jeden Ougeblick?» U der Spilleiter seit: «Nei – ussert vilich d Dichter oder di Heilige, bis zum ne gwüsse Grad.»

Es git wahrschynlech kes schöners u sterchers Bild für das, wo mir meischtens uf d Syte wüsche mit em nid sehr bedütigsvolle Satz ‹Eh, wi ou die Zyt vergeit!›, statt wach z wärde u öppis z merke. I weis vo mir, wi sälte die Ougeblicke sy, won i d Zyt cha aahalte u merke, was für ne ryche u wunderbaren Abschnitt Läbe jetz grad ablouft.

Phantasie

Es Buech, wo mi gäng wider beschäftiget, isch DIE UNENDLICHE GESCHICHTE vom Michael Ende. Dert wird ja verzellt, wi n e Bueb während em Läse vom ne Buech merkt, dass är vo de Figure, won er über se list, i der Buechwält erwartet wird, u schliesslech wagt er der Sprung u isch dinne. U was für Abetüür är erläbt u wi schwirig dass es für ihn wird, wider use z cho – läset's sälber wider einisch.

Der Michael Ende heig übrigens der Wäg us däm Phantàsie, sym eigete fabulierte Land, sälber fasch nümm usegfunge.

Keis Wunger, dass ihn ds Thema Fantasie wyterhin beschäftiget het. I zwöine vo syne spätere Büecher chunnt er wider druuf zrügg. Im einte entwirft er e ganzi Staatstheorie, im andere schrybt er unger em Titel «Phantasie und Anarchie» öppe das:

Diktature, seit er, syge voller Misstroue gäge d Fantasie. Si verbiete se, wen irgend müglich, wil si ne Angscht macht. Fantasie schaffet nöji Idee u verchnüpft di alte zu nöie Verbindige; si löst Dänkmodäll u Ornigen uuf, u das cha sech e Diktatur natürlech nid la biete.

U de seit er no öppis: Mir läbi, nach syr Uffassig, bereits i re Diktatur, nämlech i der Diktatur vo re Gsellschaft, wo vor allem di gnadelosi Vermarktig vo all däm, wo cha vermarktet wärde, zellt, ds Konkurränzdänke, der Konkurränzkampf. Die Diktatur gryfi gäng wi wyter um sech, ou i de Schuele, ou im Läbe vo de Ching. U Fantasie wärdi höchschtens no dert für bruuchbar aagluegt u dduldet, wo si mithilft, no meh Ware z verchoufe u d Konkurränz uszschalte. Für reini, zwäckfreji, spilerischi Fantasie gäb's kei Platz meh. Dermit tüei si verkümmere u wärd chrank, u d Ching lydi hütt meh u meh ou a Chrankheite, wi me se früecher nume bi gstressten Erwachsene kennt heig.

Sowyt der Michael Ende. Vilich übertrybt er. Vilich seit er ou nüt Nöis. Aber das mit der Fantasie, wo chrank wird u verkümmeret, das isch mer yne. U währetdäm ig am Michael Ende syner Vorschleg gläse ha, win er sech e besseri Wält vorstellt, han i gäng wider d Nachrichte glost, was im südleche Jugoslawie u angernen Orte uf der Wält passiert. U ungereinisch isch mer e Satz wider z Sinn cho, un i bi so erchlüpft drab, dass i nen Öich hie ohni wytere Kommentar zitiere: I bi no gäng nid fertig mit Nachedänke, es touche gäng wider nöji Idee derzue uuf.

Wär ne gseit het, weis i nid, aber är heisst:

«Krieg ist die Folge eines entsetzlichen Mangels an Phantasie.»

Krimer

Es het e Zyt ggä, da han i kener Kriminalromane meh möge läse. I ha mi g'ergeret über die Mönsche ohni Seel u Gfüel, i ha mi g'ergeret, dass di Büecher d Illusion hälfe verbreite, e Mörder wärdi gäng gfunge u bestraft, u de het mi ou tüecht, es passier afe süsch gnue Schlimms, wiso tüe di Outore das alls no gnüsslech u usfüerlech usbreite?

Bis i gmerkt ha, dass es Krimer git, won i mues säge: Die zeige das, was hüttigstags passiert, besser als di ‹normale› Romane, besser als Theater, Film, Cabaret, Musical oder Zytige das chöi. Si chöme der Würklechkeit am näächschte. Si göhn is tiefer yne. I vilne dervo isch der Mord u sy Ufklärig gar nümm ds Houptthema; är isch nume der Ufhänger für ne grossartigi u scharfsichtigi Schilderig vo de Macheschafte vo dene, wo im ne Staat meh oder weniger gheim a de Schaltheble vo der Macht sy.

I weis jetz ou, dass es i dene Büecher Figure mit em ne bsungere Seeleläbe git, zum Teil fasch utopischi Mönsche, settig, win i mir vorstelle, wi si im nöie Jahrtuusig nötig sy.

I chönnt liecht e ganzi Zyleten ufzelle. Skandinavischi, dütschi, amerikanischi Kriminalromane. I wott aber numen über ei Entdeckig rede. U numen über ei Szene. Si isch im Buech «Death in a Strange Country» (uf Dütsch «Endstation Venedig»), vo der Donna Leon. Es isch ou süsch e Krimer, won i kene vo myne früechere kritischen Ywänd chönnt aabringe.

Es isch e Stell gäge Schluss. D Frou vom Kommissar Brunetti, d Paola, isch d Tochter vom nen Adlige, vom ne Graf. Dä isch rych u het offesichtlech syner Finger oder ender syner Ohre im ganze Filz vo den oberitaliänische Wirtschaftskriminelle u der Mafia. Wo der Brunetti vo ihm, sym Schwigervatter, öppis über dä Filz wott erfahre, seit dä ihm paar Sache u fahrt nächär wyter:

«Mir Italiäner sy e Nation vo Egoischte. Es chönnt zu üsem Guete sy, aber es wird üüs kabuttmache. Mir sy nid fähig, üüs für öppis so Abstrakts wi ds gmeinsame Wohl z engagiere. Es längt grad so knapp für d Familie, aber für ne Staat? – Da bringe mir kei Chraft meh uuf.»

Da seit der Brunetti: «Aber dy Tochter dänkt nid eso.»

Da git der Graf zrügg: «Ja, für die Gnad bin i jede Tag dankbar. Das isch vilich ds beschte, won i erreicht ha i mym Läbe: dass my Tochter mit mynen Aasichte nid yverstangen isch.»

Die Antwort git es Blitzliecht uf ene Wandlig, wo am Ändi vom zwänzigschte Jahrhundert aafat u hoffetlech wytergeit. Der Aristokrat, intelligänt u rych, aber alt, schwach u illusionslos. Är isch grosszügig gnue für z merke: D Zuekunft ghört de Froue; si ghört dene, wo no a öppis gloube, wo nüt mit Gäld u Gwinn z tüe het, nid de zynische u abbrüeite Profitmacher, si ghört dene, wo ihrer Standesvorrächt hei la fahre u sech für ne besseri u ehrlecheri Gsellschaft i ihrem Land u z Europa ysetze.

D Materie

Es git Verwandtschaftsgrade, die sy um so mängen Eggen ume, dass es scho gar kener Näme meh git derfür. Oder wüsset Dihr öppis vo Öjer Schwigerururgrosmueter? Oder sött me säge: Urursschwigergrosmueter? I scho, u zwar, wil's es Buech über se git. Als Julie Dubois isch si 1809 im Nöjeburgische gebore, als Julie Gundert u Mueter vo vilne Ching isch si 1881 z Süddütschland gstorbe.

Si isch d Frou vom ne Missionar z Indie gsi. Ds Läbe vo dene Froue isch dermasse hert gsi, dass es weni usghalte hei. Ou si isch knapp mit em Läbe dervo cho. My Frou un i fröien is druuf, üsne Grossching einisch die ungloubleche u abetüürleche Gschichte vo ihrer Urururgrosmueter z verzelle. Ds ungloublechschte isch vilich das: Ihrer eigete Ching het si nid z Indie chönnen i d Schuel schicke. Drum het si se uf Dütschland bbracht – e Reis, wo denn es paar Monet dduuret het – u het se nächär meh als zäh Jahr nie meh gseh!

I wott Nech jetz nid mit Gschichten us myren abglägne Verwandtschaft versuume. Aber eini us däm Buech het numen am Rand mit myne Schwigervorfahre z tüe, u drum cha se glych verzelle.

Di änglischen Offizier, wo sech z Indie zimli glängwylet hei, sy mängisch mit de Missionare zämeghocket, für e chli Abwächslig z ha. Eine vo ne, der Lütnant Parker, het em ne dütsche Missionar, em Pfarer Hebich, einisch zuegrüeft: «Herr Pfarer, Dihr wüsset ja sälber, dass Öier Predige nid wahr sy. Es git weder e Gott non e Seel u ou kei Geischt, u ganz sicher kes Jensyts. Alles isch Materie, u d Materien isch alles. Der Hebich, e chreftige, fasch zwe Meter grosse Maa, het zueglost, de isch er ufgstange, het e Stuel gno, ne zersch ufglüpft u nächär a Bode gleit. Drufabe het er ne wider ufglüpft u a sy Platz gstellt.

Derna isch er näben Offizier gstange, het ne packt u a Bode gleit, wider ufglüpft u schliesslech uf e Stuel gsetzt. Der Lütnant isch ufggumpet, het sy Sabel zoge u der Hebich zum Duell gforderet. Mit Müe hei ne di angeren Offizier chönne dervo abha, uf e Missionar loszgah. Der Hebich het ganz ruehig gseit: «Der Lütnant Parker het es Gspräch gsuecht. I han ihm's ggä. Er bhouptet, der Mönsch syg Materie, syg numen e Sach win e Bitz Holz oder Stei. We das stimmt – wiso bhouptet er de, i hätt mit dere Tat sy Ehr aaggriffe? I ha der Stuel ufglüpft, ha ne a Bode gleit u wider uf d Bei gstellt. Der Stuel het nüt dergäge gha, er het nid proteschtiert, isch nid wüetig worde. We dä jung Maa ke Geischt het u würklech nüt als e Sach isch – warum proteschtiert er de u wott mi aagryfe, nume wil ig ihn behandle win e Stuel? Oder isch er vilich doch nid so ganz dervo überzügt, dass ke Geischt in ihm isch? Wi chan e Bitz Materie wüetig wärde u eim zum Duell usefordere?»

Es isch no nacheztrage, dass drufabe das Duell nid stattgfunge het u di zwe Manne sy Fründe worde.

Chinderbüecher

Öpper won i bewundere, sy Lehrerinne, wo mit Klasse vo Ching z tüe hei, wo fasch jedes us em nen angere Land oder Ärdteil chunnt.

Es git Klasse, wo's Ching us zwölf verschidene Länder het. I chönnt das nid bewältige, aber es git Lüt, die chöi's.

Vo zwone Lehrerinne han i ghört, die hei de Ching i der erschte Klass, sobald dass die d Buechstabe kennt hei, Büecher z läse ggä. Hingen im Klassezimmer isch e Bibliothek gsi mit Hunderte vo Büecher, u jedes Ching het dert chönne ga läse, zersch di ganz eifache, numen eis Wort pro Syte, später lengeri Gschichte, de schliesslech, i der dritte Klass, ganzi Chinder- u Jugedbüecher. E grosse Teil vo der Schuelarbeit isch über die Chinderbüecher gloffe: ds Zeichne, ds Schrybe, ds Nachenerzelle i der Schriftsprach u ds Theatere.

Si hei Chinderbuechoutorinne la cho, wo mit de Ching gredt hei. D Ching hei sälber aafa Gschichten erfinge, hei sälber Büechli gmacht. Wen es z machen isch gsi, sy d Lehrerinne mit de Ching a die Orte higgange, wo i dene Büecher e Rolle spile.

Ungereinisch isch nen öppis ufgfalle: Die Ching hei us ihrem Land, ihrer Familie u ihrer Religion ja so vil verschideni Gwohnheite, Aasichte u Vorstelge mitbbracht, dass si gäng wider i Missverständnis u Sackgasse grate sy. Es het nen es «Referänzsystem», es «gmeinsams Bezugssystem» gfählt. Aber da hei die Lehrerinne gmerkt, dass die Klass sich sälber es Referänzsystem ggä het, u zwar derdür, dass alli di glyche Chinderbüecher kennt u sech i de Gspräch fasch nume no uf die bezoge hei. We also e Bueb vo Sri Lanka oder es Meiteli vo Somalia öppis het wöllen erkläre, hei si nid vo ihrem Vatter oder ihrer Mueter gredt, sondern vo der Pippi Langstrumpf oder vom Robinson u wi die tänkt u gredt u ghandlet hei, u de hei alli sofort gwüsst, um was es geit u wi's gmeint isch.

Die zwöiti Erfahrig: Die Ching hei überhoupt ke Schuelverleider übercho. Ds gmeinsamen Erläbe vo der Wält im Chinderbuech isch für se so spannend gsi, dass si ou di angere Fächer guet bewältiget hei.

Die Lehrerinne sy mit em ne Prys uszeichnet worde, u ihres Projekt wird jetz nachegmacht i angerne Schuele, wo's vil Ussländerching het.

Die Gschicht stammt us Schwede, aber wär weis, vilich isch si i üsem Land ou scho aktuell. U süsch wird si nächschtens passiere.

Für d Astrid Lindgren

I üses Jahrhundert
voll Gwalt, Hass u Chriege
bisch du cho,
win e gueti Fee us em ne Märli,
still u starch
u wach u witzig,
u hesch üüs zeigt,
wi märlihaft üsi Würklechkeit cha sy,
u win es müglech isch,
im Fride zämezläbe,
we d Mönsche ihri Macht nid bruuche,
für enang z unterdrücke,
sondern für sech Vertroue z schänke
u no meh derzue.

U über das ‹no meh derzue›,
wo hütt so weni gilt
u glych so choschtbar isch,
het chuum öpper
so klar Bscheid gwüsst
u so guet Gschichte chönne verzelle
wi du.

Familieforschig

Sit der Jochen pangsioniert isch,
geit er syne Vorfahre nache.
Letscht Summer het er is gschribe,
är syg scho im sächzähte Jahrhundert.

Der Jochen isch dä,
wo früecher mängisch verzellt het,
ds schönschte Geburtstagsgschänk,
won är je übercho heig,
syg e halbe Härdöpfel gsi,
e gschwellte, warme,
won ihm e Fründ
nüünzähhundertsächsevierzg
i der russische Chriegsgfangeschaft ggä heig.

Syner Sühn u d Tochter
sygen alli erwachse u ghürate
u rych u tüechtig,
aber keis vo ne wöll Ching.
U je begeischtereter är
ihne vo syr Familiegschicht verzell,
deschto weniger.

No meh als e halbe Härdöpfel
würd ihn jetz es Grossching fröie,
schrybt är truurig;
un i gspüre,
win ihm ds Läbe
langsam
verlore
geit.

Reise

Vor langer Zyt, wo kener Outo uf de Strasse gfahre sy,
isch albeneinisch e Maa bi üüs a der Hustüre cho lüte
u het mit der Mueter gredt. E Husierer.
Är het es Leiterwägeli voll Büecher mit sech zoge,
un är het gäng glachet, wi we sech i ihm inne
luschtigi Gschichte würden abspile.
U gredt het er numen über d Mönsche
i dene Büecher,
nid über d Lüt, wo nen usglachet hei.

Mängisch dänken i:
Wen i hütt die Reise miech,
won i gärn wett –
i gieng dür ne Wält ohni Outo u so,
mit em ne Leiterwägeli voll Büecher,
u würd lose,
was die Mönsche us dene Büecher
mit dene wetti rede, wo meine,
di bsungere Gschichte
fingi si nume no i Länder
wyt wägg vo hie.

Schwyge u Stilli

Erfrüschig

Eini vo myne gröschten Enttüüschige a der Universität han i scho i der erschte Wuche gha.

I bi also da a der Uni u probieren usezfinge, was eigetlech studiere syg, u ha der Chopf voll Wörter, Sätz u Gedanke u gah d Stägen ab u gseh a re Türen ungereinisch es Schild, wo's druffe heisst: ERFRISCHUNGSRAUM. I ha sofort Glluscht gha nach Bewegig, Suurstoff, Uftanke. Früschi Luft isch mer scho als Vorfröid um d Nase gwäit, un i ha tänkt: Aha, und: Gott sei Dank. De bin i yne. U was isch das gsi, wo eim hätt sölle erfrüsche? E Bude mit ere Zylete chlyne runde Tischli, u drann es paar Lüt; si hei gginet, gredt, groukt, glärmet, ghänglet u trunke. Aha, han i tänkt. We me studiert, de tuet me sech uf die Art erfrüsche.

I ha's es paar Mal ou probiert. Gnützt het es nüt.

I bi zrügg zu myren Art vo Erfrüsche: Waldlouf, Schutte, Schwümme, Speerwärfe, Velofahre. Oder hei ga höie oder mischte oder jätte. Ds Letschte isch no hütt für mi eini vo de besserna Arte, wen i wider wott früsch wärde.

U di beschti Art uftanke u mi z erfrüsche isch: eifach still sy. Ob i derzue lige, hocke oder stah oder loufe, isch glych.

I cha mir ou vorstelle, dass es i paarne Jahr i de grosse Stedt Erfrüschigsrüüm wird gä, wo nüt angers sy als Orte, wo mir hi chöi, we mir ds Gfüel hei, mir müessi jetz Rue ha, wil zvil ggange syg; mir chönnen all die

Ydrück nümm verarbeite; mir wetti jetz dörfe schwyge, langsamer wärde, bis mer üsi Zyt u üse Rhythmus wider gfunge hei.

I hocke gärn i Chilche, wen ig i re Stadt bi, aber mängisch han i Päch. Es git e Füerig mit Gschlarp u Ghuescht u Glafer, oder es chunnt e Sigrischt, wo eim useschickt, wil er grad wott bschliesse.

Drum wünschti mir settigi Erfrüschigsrüüm – si dörfe sogar gärn öppis choschte. Also los! Das wär doch öppis für die, wo no e letschti Marktlücke sueche. D Yrichtig cha ganz eifach sy. Je weniger, descht besser. Nid emal elektrisches Liecht isch nötig. Es paar Cherze tüe's.

Sport

I ha als junge Maa einisch es sältsams Erläbnis gha, wo mir ersch jetz, won i mi vil mit Schwyge u der Stilli beschäftige, wider z Sinn chunnt u mi verfolgt. Denn het's mi g'ergeret: Hütt tüecht's mi, i hätt scho denn öppis chönne merke.

I ha denn Liechtathletik gmacht, Diskuswärfe vor allem. Mit mir zäme hei no meh trainiert. Eine dervo het's vil rascher als i dusse gha, wi me di vile Einzelteile vom Bewegigsablouf mues koordiniere, dass d Wucht vom Abstoss gross gnue isch, für e Diskus wyt gnue mache z flüge. Är isch so zimli ds Gägeteil vom ne Laferi gsi. Är het eifach gschwige, ou uf Frage. Är het mi nume konzentriert aagluegt, het glächlet u öppis gmurmlet, un i ha sälber müessen usefinge, was är meint. U sy Diskus isch jedes Jahr wyter gfloge.

Was mir hütt aber klar isch: Är het das usgstrahlet, wo men ihm MACHT seit.

Macht nid ir Form vo Ungerdrückig u Demüetige, sondern i der reine Form vo Energie u Konzentration. Sys Schwyge het ihn überläge gmacht. Aber die Macht, die Energie, won är dür sys Schwygen ufbbout het, die het är nie bbruucht, für üüs z imponiere, üüs uszlache u blöd härezstelle. Mir hei ne bewunderet u als Vorbild gno.

I mache hütt en angere Sport, spile Pétanque, la die Metallchugle us der Hand flüge u weis: Nume wen i schwyge, nume wen ou di angere still sy um mi ume, nume wen i eis bi mit der Chugle u si mit mir, nume wen i still bi u warte, bis mir dä Punkt sozsäge rüeft, won i d Chugle wett hi platziere, ersch denn lan i se us der Hand, aber es darf keis Wort, nid e mal e Gedanke derzwüsche cho. U de erwachen i wi us em ne Troumzuestand, u d Chugle isch dert, wo si sött sy. Aber das passiert lang nid jedes Mal. Nume wen ig i der Stilli bi. Di ganzi Konzentration druuf, läär z wärde vo all däm, wo i mir die Stilli gäng wider zerstört.

Drum bin i vor allem für di spilerische Sportarte, settigi, wo ds Unbewusste u Intuitive ou cha mitmache; i bi für ne Sport, wo me nid nume mues gwinne, nei, wo me sech fröit, dass me wider einisch dene Zerstörige vo der Stilli öppis het chönnen entgäge setze.

Übrigens: Ds änglische Wort SPORT heisst ursprünglech Vergnüege. U Vergnüege het öppis dermit z tüe, dass me mit sich sälber im Reinen isch.

Random Acts of Kindness

We me vil Zytige list u Nachrichte lost, het me ds Gfüel, d Wält syg voll vo mächtige Gsellschafte, Verschwörige, Mafia u mafia-ähnlechen Organisazione, Terrorischtegruppe, Grosskonzärne, wo us verschidene chlynere Betribe fusioniert sy, u angernen uheimelige Gruppierige, u mir syge denen eifach usgliferet.

Dass es ds Gägeteil o git, isch weniger bekannt, un es chunnt nie i de Nachrichte. Es git Gsellschafte, wo fasch gheim sy, aber unschynbar, si hei kener Pressesprächer, kener Mitgliderlyschte, kener Jahresbyträg, kener Houptversammlige, u si schütte kener Dividänden uus.

I bi zuefällig eire vo dene Gsellschaften uf d Spur cho. I bi hinger em nen Outo härgfahre, u uf däm syr Hingersyte isch e Chläber gsi, vier Wörter druffe, so gross, dass i se ha chönne läse: RANDOM ACTS OF KINDNESS het's da gheisse. Uf Schwyzerdütsch chönnt me das öppe so übersetze: «Näbeby angernen öppis Guets tue.»

Churz drufabe han i vom ne Fründ ghört, di Bewegig syg vo Amerika usggange: Die Lüt, wo dert derzue ghöri, heige sich verpflichtet, bi jeder Glägeheit, won es sech ergit, angerne z hälfe. Das isch alles guet u rächt, aber ds Bsungere drann syg, dass si ke Dank erwarti, ke Belohnig, sech nie ufdrängi, ihri Hilf still verrichti u sofort wider verschwindi. Wen eine das hingen uf sys Outo chläbi, syg dä wahrschynlech scho nümm ganz en Ächte. Uf der angere Syte syg's ja ou guet, we men überhoupt vernähmi, dass es so öppis gäb u dervo aagsteckt wärdi. U de gäb's no öppis: Die Lüt wüssi, dass das, wo si öpperem gäbi u schänki, irgend einisch zu ihne zrügg chöm, aber i re völlig angere Form, u nid vo dene Lüt, wo sin es ggä heigi.

Eigetlech e schöne Gedanke: Ds Guete, wo mir verursache, macht e grosse Kreis u chunnt irgendeinisch zu üüs zrügg. Aber nume, we mer's nötig hei. Dä Kreis söll ruehig no zu angerne gah, solang es üüs guet geit.

Übrigens: Mi mues ou gar nüt wüsse dervo. Dä, wo üüs vor füfzäh Jahr uf eren Insle ohni grossi Wort es Biljee für ds Schiff eifach ggä het, wil mir kei Gäld meh hei gha u wider uf e Kontinänt hei wölle, oder dä Maa i wyssem Hemmli u Grawatte u nöie Hose, wo mir vor zäh Jahr zfride u still es Rad het gwächslet, im ne Land, wo d Strasse voll Löcher sy u d Wageheber nüt wärt, die hei vilich ou nüt vo dere Random Acts Gsellschaft gwüsst. Aber i weis es jetze.

Grossvätter

I bi vor paarne Monet an e Kongräss yglade worde, wo's um d Rolle vo de Grossvätter i der hüttige Gsellschaft ggangen isch. Ändlech het me sen entdeckt. Bis jetz sy d *Grosmüeter* di geduldige, liebe, zfridene, stille u bruuchbaren Alte gsi. Ändlech chöme d Grossvätter ou dra, hei ungereinisch e grossi Bedütig für ihrer Änkelchind, hei Zyt für se, ersetze d Vätter, wo weniger Zyt hei, u sy da für z erzelle, wi's früecher gsi isch.

Es isch vil Guets u Erfröilechs gseit worde a däm Tag, vor allem vo zwöine füfzähjährige Meitschi, won e ganzi Wunschlischte für ds richtige Verhalte vo Grossvätter ufgstellt hei.

Wo mir am Podiumsgspräch dra cho sy, han i gseit, i chönn nid so vil derzue bytrage, vilich mües i sowiso meh über d Grossching rede weder über my Rolle als Grossvatter. Oder angers gseit: Ds Beschten a däm Verhältnis syg eigetlech ds Stuune drüber, dass es so öppis überhoupt no git. I ha tatsächlech ds Stuune u ds Bewundere wider chönnen erfahre u nöi glehrt. Ds Stuune drüber, was son es Ching alles gseht, merkt u ufnimmt, u win es drüber redt. Liecht wehmüetig dänken i albe: Eso wach, so ufmerksam, so gwungerig wett i ou no einisch sy. Aber i fröie mi jetz halt, dass i quasi mit ihrnen Ouge no einisch darf läbeswichtigi Chlynigkeiten entdecke, won i vil Jahr drüber ewägg gluegt ha.

Am ganze Grossvätterkongress het niemer drüber gredt, was di eigetlechi Faszination vo de chlyne Grossching isch.

I gloube, es isch ds Gfüel oder d Feschtstelig: Hie fat no einisch öppis aa. Mit üüs geit's ja am nen Änd zue. I sälber merke, wivil i abschliesse, wivil i ds letschte Mal mache. Oder ömel sött.

U jetz chunnt da eine mit wyt offnen Ouge, voll Gluscht u Stuune u Ungeduld u het das alles no vor sech, won i mi müesam dervo verabschide.

Üser Grossching lache vil u gärn. Un i sälber finge, es gäb gäng wi weniger würklech Luschtigs. Wen i aber mit ihne zäme bi, vergissen i di Gedanke über Ändi u Ufhöre u Verschwinde, un i merke plötzlech, win i allpott der Satz säge: «We de grösser bisch, de chöi mer de einisch zäme ...», un i wünsche mer, i erläbi di Zyt no, we di Ching de grösser sy, dass i di Verspräche, won i ne jetz gibe, de ou cha ylöse.

Steitürm

Wen i öpperem zueluege, wo öppis Bsungers cha, de wirden i nach churzer Zyt uruehig. I Zirkus gahn i scho gar nümme. I wett nämlech gäng das, wo die so guet chöi, sälber ou chönne. Aagfange het es mit em Mässerwärfe, de mit Akrobatik. U won i du nümm i Zirkus bi, isch es wyterggange mit Musigmache u angerne Künscht. Mit eir Usnahm isch mir aber gar nüt glunge. I wett jetz aber nid vo deren Usnahm rede, sondern vo öppisem, wo no gar nid lang här isch u win en Art Offebarig isch gsi:

Vor em ne halbe Jahr han i e Foto gseh vo eim, wo am ne Seeufer gruppet u dert Steitürmli bout. Är bygi da schynt's ei Stei uf en anger, het's ir Bildlegände gheisse, u zwar so langsam, sorgfältig, dass die Türm Stei uf Stei rächt hööch wärdi, fasch nid z gloube, ussert es chunnt cho chutte, oder es tschaupet ihm e Hung dry oder süsch es unkünschtlerisches Wäse.

I bi sofort wi elektrisiert gsi u ha gseit: Wen i derzue chume, machen i das ou. I sött zwar nid zvil dervo säge, wil i dermit wider einisch d Heilmitteliduschtrie schädige. Das Steitürmboue bringt nämlech meh Rue, Fröid, inneri Sammlig u seelisches Glychgwicht u Zfrideni als Psychopharmaka u angeri Medizin.

Da hockisch oder gruppisch also am Ufer vom Fluss u gsehsch ungereinisch di flache Steine, u de hesch ds Gfüel, si rüefe dir. Du wirsch süchtig uf äbeni Flächine, fieberisch, we de e rächt grosse, schön abgschliffne Stei gsehsch, fasch aa byge, u de gsehsch im Geischt scho di nächschte drei, weisch, was für eine dass nächär gäbig wär für wyterzfahre, u ungereinisch seisch: Danke, Aare, dass du di Steine so schön abgflachet hesch. Jetz boue mer da e Turm, u währet me gäng wi gsatzliger u süferliger wyter schichtet, touchen i der Erinnerig alli die Steimanndli i de Bärgen uuf, u vor allem die i den asiatische Bärge, u we me's nid sowiso wüssti, gieng's eim jetz späteschtens uuf, dass die Steitürm e religiösi Bedütig hei, entweder erinnere si an es bsungers ydrücklechs Ereignis, vilich ou an e Heilige, oder me het ds Gfüel, da heig eine wölle zeige, wi gärn är d Bärge heig.

U de bout me wyter.

Holy Hill

«Ds Meischte, wo d Mönsche dranne lyde, chunnt dervo, dass si nid all Tag e halb Stung oder no lenger eleini im ne Zimmer chöi sy.»

Dä Satz stammi vom französische Philosoph Blaise Pascal, aber gläse han i ne im ne Bricht über nes ussergwöhnlechs Chloschter z Irland. Es Chloschter, wo zwänzg Nonnen u Mönchen als Eremite läbe, verteilt i Zällen im ne Park, u si träffe sech nume zu Gebätt u zwöimal ir Wuche zum ne gmeinsamen Ässe. Süsch wärche si u schwyge, u si gloube, dass si dür ihri inneri Sammlig u ihres stille Bätte genau so starch uf das würke, wo i der Wält söll gscheh, wie die, wo mit ganz angerem Ufwand, mit Lärme, Tricke, Management u Gäld wei zeige, wi mächtig si sy.

Die Nonnen u Mönchen z Holy Hill, uf em Heilige Hoger, sy überzügt, dass ihri Art, i der Stilli ihres Läbe z verbringe, i der hüttige Zyt notwändig isch. Notwändig heisst, es isch e Not da, wo sötti gwändet wärde, umgwandlet wärde. Was die Not isch, wüsse mir alli. Ihres Chloschter Holy Hill isch übrigens als ‹Insel des Friedens› bezeichnet worde. U die Nonnen u Mönche wüsse, dass es no vili settigi Insle git uf der Wält. Ihri Sicht isch die, dass der Fride nid cha härediskutiert wärde, sondern si wei ne läbe, vorläbe – aber si sy nid intressiert drann, dass ihres Aalige dür d Medie verbreitet wird. Das söll dür angeri, stilleri, unsichtbari Kanäl usegah u würke. Un es geit ja nid numen um e Fride.

Um was alles süsch no, da drüber wett i mi jetz nümmen usla. Ou i wett nämlich jetz schwyge. Das da isch einschtwyle my letscht Morgegedanke-Bytrag.

I wett all dene danke, wo die paar Jahr gäng wider zueglost hei, u vor allem dene, wo mir z wüsse ta hei, was es ihne bedütet.

I höre mit em ne letschte Satz uuf, wo äbeso guet wi dä vom Blaise Pascal als letschti Mitteilig hie häre chönnt ghöre, wil er öppis seit, wo die Nonnen u Mönche sicher ou beschäftiget. Süsch wäre si nid dert, wo si jetz sy. Der Satz isch vom Franz Kafka u heisst:

«Das Leben ist eine fortwährende Ablenkung, die nicht einmal zur Besinnung darüber kommen lässt, wovon sie ablenkt.»

Erinnerige

Mängisch dänken i,
all die Mönsche, won i einisch kennt ha,
hocke no gäng i mir inne,
loufe dür d Stube
vo mynen Erinnerige,
rede mitenang, luege sech aa,
u mängisch chunnt einen a d Türe
u luegt, öb ig ihm no einisch wett begägne,
u wett gärn, dass ig ihm
di ganzi Gschicht würd verzelle,
nid nume der Aafang.

All die abbrochne Gschichte.

U bi wäm hocken i sälber
i der Stube vo synen Erinnerige
u wünschti, i chönnt yne zu ihm,
für di richtige Frage ga z stelle,
wo die Gschicht hätti
wytergfüert?

Lengeri Antwort uf ene churzi Frag

Danke, es geit; mängisch grau
mit guldige Strieme drinn,
mängisch guldig, mit graue Strieme drinn,
u zwüschyne öppe no chli rot u blau u grüen,
wi letscht Nacht, i däm Troum:
Da hocken i doch im Kanu, uf der Aare,
hinger mir e jungi Frou mit blauen Ouge,
wo mit em ne Rägeschirm paddlet,
u wo se gfragt ha, was si da machi,
seit si: Psychoanalyse.
Du frage se, öb si gärn tüei Zibele schnätzle.
Aber bevor si g'antwortet het,
hei mer is churz vor em ne Wasserfall
a ds Ufer müesse rette.
U won i na Wort sueche
für ihre z säge, wi schön si syg,
win e Wasserelfe,
seit si, si heissi Maria Chrütterli.
Won i das ghört ha,
han i zersch tänkt, si verwächsli sich
mit ere Schnapsreklame,
aber du hesch ja nid das wölle wüsse.

Ja, wi's mir geit?
S chunnt druf aa,
was i vor mer ha,
u natürlich ou, was i hinger mer ha.
Aber mängisch wär me froh,

es gieng eim wi üsem Chemifäger.
Dä het uf die glychi Frag gseit:

«Mir geit's guet,
u we's mir guet geit,
de geit's allnen angeren ou guet!»

Chemifäger sött me sy.
Jede Tag der Dräck vo angerne wägruesse,
bis alles suber isch. Eini vo de wenige sinnvollen Arbeite.
De hätt me vilich ou so vil Gottvertroue
i sich sälber wi är.

I kennen aber eine,
dä seit grad ds Gägeteil:
«Solang's nid allnen angere guet geit,
geit's mir nid guet.»
.
I dänken öppe: Dä u der Chemifäger sött me
einisch zäme la rede.
I würd gärn zuelose.

U de hocket er am Tisch, der Chemifäger,
u roukt u seit:
Kennet Dihr dä?
E Puur hocket ir Wirtschaft,
da chunnt einen yne, hocket ab,
luegt nen aa u seit schliesslech:

«Du, tuet öppen eis vo dyne Ross rouke?»
«Nei», seit dise.
Der anger geit zum Fänschter, luegt use,
u de seit er:
«I däm Fall brönnt dy Rossstall.»

Nei, eigetlech geit's mer guet.
Aber es isch scho sältsam,
wien i mängisch ds Gfüel ha,
jetz mach i öppis ds letschte Mal.

Du, hesch dir ou scho einisch vorgstellt,
wie das isch,
we d plötzlech dänksch,
du heigsch vilich ds letscht Mal glachet?

Mängisch dänken i, wen i merke,
dass i allwäg ds letscht Mal
gstange bi u jetz nume no lige,
de wett i eigetlech albeneinisch
öpper näb mir ha,
wo mer luschtigi Gschichte verzellt,
mira ou Tröim,
oder süsch ds Chalb macht.

I gloube fasch,
de wär's mir nümm so wichtig,
öb ig ds letscht Mal lachti
oder no mängisch.

Di nöie Stimme

Was ufhört, isch nid fertig,
s gseht mängisch zwar so uus,
es Läbe blybt es Läbe,
bis zletscht u drüberuus,
u ou we üsi Stimme
jetz nümme so heiter klinge:
Es chöme nöji nache,
wo nöji Lieder singe.

Mir wärde alt u ruehig
u ds Füür lat langsam naa.
Mir hei meh Fröid am Heicho
als am i d Frömdi gah.
Mir mache nümm vil Wörter,
u glych: Mir lose zue,
was all di nöie Stimme
i ihrne Lieder singe.

Lieder, wo verzelle
vo'r Zyt, wo vor üüs steit,
vom Gluscht, da drann mitzhälfe,
dass mängs de besser geit.
Lieder vo re Liebi,
wo eim vil meh wird glinge,
u gäng meh nöji Stimme
wärde die Lieder singe,
wärde die Lieder singe.

U du un i, mir hocke
im Früeligsmorgeliecht
u lose, gspüre, luege,
u rede, was üüs tüecht.
Was alles chunnt, wo mir no
nid rächt hei chönne finge,
u wo di nöie Stimme i ihrne Lieder singe.

Was alles nöi wott aafa,
we Jahr um Jahr verrünnt,
ds Läbe hört nid uuf läbe,
s isch nid der Tod, wo gwinnt.

Drum singe mir vom Aafa,
vo däm, wo wider chunnt,
vilich i andre Forme,
läbig u schön u rund.
Wi mit Geduld u Gärnha
eim vil meh chönnti glinge
u gäng meh nöji Stimme
wärde die Lieder singe,
wärde die Lieder singe.

Nach Mikael Wiehe: Ska nya röster sjunga

Nachtrag

Diese Sammlung enthält Texte, die ich von September 1997 bis Februar 2000 für die Rubrik ‹Gedanken zum neuen Tag› von Radio DRS schrieb. Die genauen Sendedaten sind hier nicht vermerkt, weil es nur wenige Beiträge gibt, die eine Anspielung auf ein bestimmtes Datum machen.

Wie im ersten Kolumnenband «Änet em Zuun» stehen zwischen den einzelnen Wochenserien zwei, manchmal drei Gedichte oder Liedtexte, welche die Themen ergänzen oder verdeutlichen.

Ich habe auf eine Woche hin meistens acht oder neun Texte geschrieben und dann die sechs ausgewählt, die sich nach meiner damaligen Auffassung am besten eigneten. Drei dieser Reservetexte – und einige gestrichene Stellen – habe ich nachträglich in die Sammlung aufgenommen, allerdings ohne sie besonders zu kennzeichnen.

Im letzten Text des Kapitels «Schwyge u Stilli» kündige ich an, dass ich nun einstweilen auch schweigen möchte. Einer dieser Gründe für diese Besinnungspause war die Schwierigkeit, in einem kurzen Text immer etwas in sich Geschlossenes zu sagen: Viele Texte nehmen Bezug auf frühere, ergänzen oder kontrastieren sie. Ich hoffe, die Hörerinnen und Hörer, welche nicht immer die Beiträge der ganzen Woche mitverfolgen konnten und ab und zu eine Anspielung nicht mitbekamen, können nun hier die Längs- und Querverbindungen machen.

Herzlich danken möchte ich

- *Lorenz Marti* vom Radio Studio Bern.
- *Lukas Hartmann* für die Durchsicht der Auswahl und für den Text auf der Umschlagrückseite.
- und der ersten kritischen Hörerin, meiner Frau *Christina*.

Mai 2000, Fritz Widmer

Fritz Widmer

Geb. 5. Februar 1938 in Kirchberg BE. Verheiratet. Zwei Töchter, zwei Enkel. Lebt in Bremgarten BE. Seit 1970 Lehrer für Deutsch und Englisch an der Höheren Mittelschule Marzili in Bern. Im Nebenberuf Liedermacher, Sänger und Schriftsteller.

Bei Zytglogge sind bisher erschienen:
«Di wüeschte u di schöne Tröim», Lieder u Gedicht, 1980.
«Gluscht u Gnusch u Gwunger», Mundartroman, 1982.
«Ryter unger em Ys», Mundartroman, 1988
(beide Romane wurden mit einem Buchpreis des Kantons Bern ausgezeichnet).
«Änet em Zuun», Morgebetrachtige u Gedicht, 1997.

Seit 1967 mehrere Schallplatten:
Die CD *«24 Lieder us 25 Jahr»* enthält eine Auswahl aus den LPs. Die CD *«Mängisch brönnt's»* vereinigt Balladen, Lumpeliedli und Kinderlieder. Auf der CD *«Wo der Himu no Platz het»* sind Lieder der letzten zehn Jahre.

Fritz Widmer tritt mit den *Berner Troubadours* auf. Er singt seine Lieder aber auch in Soloprogrammen, zum Teil kombiniert mit Lesungen aus seinen Büchern.

E-Mail widmergide@bluewin.com